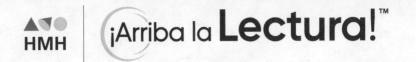

miLibro 3

Autores y asesores

Alma Flor Ada • Kylene Beers • F. Isabel Campoy

Joyce Armstrong Carroll • Nathan Clemens

Anne Cunningham • Martha C. Hougen

Elena Izquierdo • Carol Jago • Erik Palmer

Robert E. Probst • Shane Templeton • Julie Washington

Consultores

David Dockterman • Mindset Works®

Jill Eggleton

Printed in the U.S.A.

ISBN 978-1-328-49092-6

7 8 9 10   0868   27 26 25 24 23 22 21 20

4500794881   C D E F G

¡Arriba la **Lectura!**™

HMH

miLibro 3

MÓDULO 5

Toma la iniciativa

 **CONEXIÓN CON LOS ESTUDIOS SOCIALES:** Liderazgo 8

¿Qué libro me recomiendas leer? 12

ARTÍCULO DE OPINIÓN

Llegar lejos 14

por Peter y Paul Reynolds • ilustraciones de Peter Reynolds
TEXTO DE FANTASÍA

> ‣ Por mi cuenta
> ## La capitana mantiene la calma 36

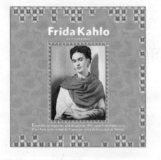

Frida Kahlo 40

por F. Isabel Campoy
BIOGRAFÍA

> ‣ Por mi cuenta
> ## En defensa de los trabajadores migrantes 54

4

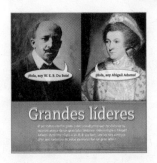

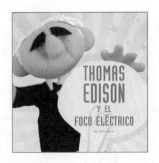

Toma la iniciativa

"Solo cabe progresar cuando se piensa
en grande, solo es posible avanzar
cuando se mira lejos".

—José Ortega y Gasset

? Pregunta esencial

¿Cuáles son las características de un buen líder?

Video de
Mentes curiosas

Palabras acerca del liderazgo

Completa la Red de vocabulario para mostrar lo que sabes sobre estas palabras.

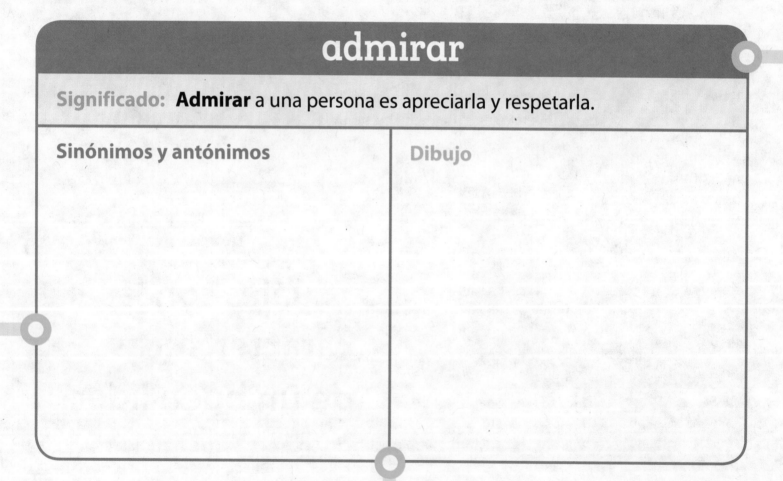

admirar

Significado: **Admirar** a una persona es apreciarla y respetarla.

Sinónimos y antónimos	Dibujo

pionero

Significado: Cuando eres un **pionero,** eres la primera persona en hacer algo.

Sinónimos y antónimos	Dibujo

inspirar

Significado: Cuando alguien te **inspira,** te da ideas nuevas.

Sinónimos y antónimos	Dibujo

¿QUÉ LIBRO ME RECOMIENDAS LEER?

¡RESEÑAS DE LIBROS PARA NIÑOS ESCRITAS POR NIÑOS!

LIBRO: *Emmanuel Ofosu Yeboah: ¿Qué hace a un gran líder?* por Malikah Hansen

GÉNERO: Biografía

CRÍTICA: Ruthie Miller

EDAD: 8

MI RESEÑA

Creo que esta biografía es fantástica. Trata acerca de un hombre de Ghana cuya pierna no se desarrolló bien antes de nacer. Muchas personas creyeron que su vida sería difícil por su pierna. Pero él les demostró lo contrario, ¡y se convirtió en un líder!

Me gusta este libro porque muestra lo que sucede cuando las personas creen en sí mismas. Por ejemplo, algunas personas decían que Emmanuel no podría hacer cosas como ir a la escuela o practicar deportes. Pero Emmanuel no pensaba así. Iba y volvía de la escuela saltando todos los días. Aprendió a jugar al fútbol y a andar en bicicleta.

Otra cosa que me gusta de este libro es que trata de una clase especial de líder. Emmanuel se convirtió en un ejemplo para muchos. Cambió su forma de pensar. En 2001, Emmanuel cruzó Ghana en bicicleta. Mostró que las personas con discapacidades pueden hacer cosas asombrosas.

Este libro nos recuerda que todos somos especiales y que podemos convertirnos en líderes, tal y como lo hizo Emmanuel. ¡Todos deberían leerlo!

13

Prepárate para leer

ESTUDIO DEL GÉNERO ▶ Los **textos de fantasía** son cuentos con acontecimientos inventados que, en realidad, no podrían suceder. Mientras lees *Llegar lejos*, busca:

- acontecimientos que no podrían suceder en la vida real
- cómo las imágenes y las palabras te ayudan a entender lo que sucede
- problemas (conflictos) y soluciones (resoluciones)

ESTABLECER UN PROPÓSITO ▶ **Haz preguntas** antes, durante y después de leer que te ayuden a encontrar información o comprender el texto. Busca evidencia en el texto y en las imágenes para **contestar** tus preguntas.

PALABRAS PODEROSAS

asegurar

exactamente

preciso

asomarse

responder

concentrado

artilugio

copia

Conoce a Paul A. Reynolds y Peter H. Reynolds.

Llegar lejos*

por Peter y Paul Reynolds

ilustraciones de Peter Reynolds

Rafael había estado esperando
todo el año la carrera **Llegar lejos**:
su gran oportunidad para construir
un kart, pilotarlo... y ganar.

Cuando la maestra preguntó
"¿Quién quiere el primer kit?",
Rafael levantó la mano de
inmediato.

El resto de la clase miró con envidia a
Rafael mientras volvía a su asiento con su kit
en las manos.

—No se preocupen, todos tendrán uno —les
aseguró la maestra Chanda—. Además,...

...todos son EXACTAMENTE iguales.

El kit venía con un manual de instrucciones precisas. Eso alegró mucho a Rafael. Sabía seguir instrucciones muy bien.

Rafael golpeó con el martillo, encoló unas piezas, clavó otras y terminó de ensamblar su kit.

Su kart se veía idéntico al de las instrucciones. Se sentía muy orgulloso.

Rafael se preguntó cómo le iría a su compañera Maya. Vivía justo al lado de su casa.

Se asomó por encima de la cerca.

—Oye, Maya, ¿ni siquiera has empezado aún?

Maya no respondió. Estaba tan concentrada
observando el pájaro que estaba delante de ella
y dibujándolo rápidamente que ni siquiera se
fijó en Rafael.

Luego, dejó el lápiz a un lado y miró al pájaro como si estuviera soñando.

Rafael se encogió de hombros… y la dejó tranquila.

22

A la mañana siguiente, Rafael regresó para ver cómo le iba a Maya.

—¡Vaya! ¿Qué es eso? —preguntó.

—¿Te gusta? —Maya sonrió de oreja a oreja.

—Sssiií... es genial —respondió Rafael lentamente—. Pero, mmm... hay un pequeño problema, Maya. Eso no es un kart.

—¿Y quién dijo que TENÍA que ser un kart? —preguntó Maya con una sonrisa.

Rafael se sintió confundido. Las instrucciones del kit eran para armar un KART. Aunque, en realidad, no decían que TUVIERA que ser un kart. Volvió a mirar el artilugio de Maya. Un instante después, él también sonrió de oreja a oreja.

—Ya lo tengo. Oye, Maya, yo deseo con todas mis fuerzas ganar esta carrera. ¡Y las instrucciones tampoco dicen que no podamos formar un equipo!

Y así lo hicieron, y trabajaron juntos hasta tarde.

Al día siguiente, todos se reunieron para la gran carrera. Todos los karts eran copias perfectas de los demás.

CARRERA
LLEGAR LEJOS

SALIDA

25

Excepto uno.

Uno de los niños rompió a reír.

—Parece que tuvieron problemas con las instrucciones para **Llegar lejos**. Seguro que ustedes van a llegar, sí, pero… ¡LOS ÚLTIMOS!

Maya y Rafael ni siquiera tuvieron tiempo de contestar, porque la voz potente y atronadora del presentador anunció:

—¡ATENCIÓN, CORREDORES!
¡ENCIENDAN LOS MOTORES!
4...3...2...1...

Sonó una chicharra.

—¡Y arrancan!

Mientras todos los demás karts desaparecían en una nube de polvo, Maya seguía sentada en su vehículo, que no se había movido de lugar.

—¡Maya! ¿A qué estamos esperando? —chilló Rafael por encima del rugido de los motores y de los gritos de ánimo de la multitud.

—¡No te preocupes, Rafael! —contestó Maya—. ¡Alerones abajo, aceleración al máximo!

Y entonces arrancaron... ¡hacia el cielo! ¡Increíble!

Los demás corredores miraron hacia arriba asombrados.

Maya y Rafael planearon y, después, adelantaron a todos los pilotos a gran velocidad.

Poco después, Maya y Rafael
cruzaron la línea de meta, mientras
el público aplaudía con entusiasmo.

Siguieron avanzando más allá de la pista de carrera. Maya frenó de golpe y se detuvo justo a orillas del lago situado al borde del campo de la escuela.

Rafael vio una rana que, asustada, saltó desde una hoja de nenúfar y se zambulló en el agua. Rafael arqueó las cejas y miró a Maya. Ella sonrió.

—Rafael, ¿estás pensando lo mismo que yo…?

Rafael solo asintió con la cabeza.

Usa detalles de *Llegar lejos* para contestar estas preguntas con un compañero.

1. **Hacer y contestar preguntas** ¿Qué preguntas sobre el cuento te hiciste antes, durante y después de la lectura? ¿Cómo te ayudaron tus preguntas a comprender el cuento?

2. ¿Por qué los otros niños se ríen cuando ven el vehículo de Maya y Rafael por primera vez? ¿Cómo cambian sus sentimientos cuando empieza la carrera?

3. ¿Qué crees que aprende Rafael de esta experiencia?

Sugerencia para la conversación

Haz una pregunta si no estás seguro de las ideas de tu compañero.

¿Por qué dijiste _____?

Escribir un discurso de victoria

INDICACIÓN ¿Qué dirían Maya y Rafael en un discurso de victoria después de la carrera? Busca detalles en las palabras y en las imágenes sobre cómo ganaron y cómo se sienten.

PLANIFICA Primero, escribe tres detalles que expliquen por qué Maya y Rafael ganaron la carrera.

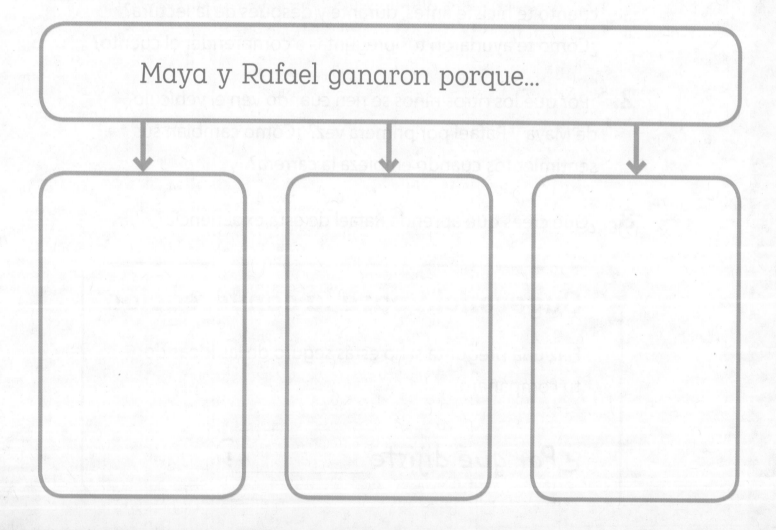

Maya y Rafael ganaron porque...

ESCRIBE Ahora, usa lo que sabes sobre Maya y Rafael para escribir su discurso de victoria. Recuerda:

- Incluye detalles emocionantes sobre la carrera.

- Al final, asegúrate de dar las gracias al público por escucharte.

_____

_____

_____

_____

_____

_____

_____

_____

_____

_____

Prepárate para leer

ESTUDIO DEL GÉNERO Los **textos de fantasía** son cuentos con acontecimientos inventados que, en realidad, no podrían suceder.

HACER UNA PREDICCIÓN Da un vistazo a "La capitana mantiene la calma". Esta gata debe liderar un equipo. Sabes que la mayoría de los cuentos incluyen un problema. ¿Qué problema crees que tendrá el equipo?

_____

_____

_____

_____

ESTABLECER UN PROPÓSITO Lee para descubrir de qué manera la capitana lidera el equipo y para comprobar si tu predicción es correcta. Si no lo es, piensa en lo que sabes acerca de la estructura del cuento y haz una nueva predicción.

La capitana mantiene la calma

LEE ¿Qué preguntas puedes hacerte sobre la capitana Gata?

Al fin paró de llover. Los animales habían pasado todo el día encerrados. Ahora, por fin podían salir a jugar.

—¡Al campo de juego! —gritaron Gallo y Caballo.

—Esperen —chilló Ratón—, ¿y si el campo está inundado?

—No digas tonterías —contestó Vaca—, ¡muuuuuuévanse!

—Pero Ratón no se movió. Gallo, Caballo y Vaca también se detuvieron. Entonces, todos miraron a la capitana Gata. La capitana Gata no era grande ni fuerte, pero era justa y buena resolviendo problemas. Ella sabría exactamente qué hacer. ▶

Para leer con atención

¿Es correcta tu predicción hasta ahora? Si no lo es, haz una nueva predicción.

37

LEE ¿Qué aprendes sobre la capitana Gata?

—Organicémonos, equipo —dijo la capitana Gata— Vaca y Ratón, están a cargo de los ejercicios de calentamiento. Caballo y Gallo, ustedes cantan la canción del equipo. Iré a ver cómo está el campo.

Los animales se pusieron a trabajar enseguida. Cuando la capitana Gata volvió, todos estaban haciendo ejercicio y cantando alegremente. La capitana Gata anunció que el campo no estaba para nada inundado. Todos los animales aclamaron y corrieron juntos al campo.

—¿Están listos para jugar? —gritó la capitana Gata con una sonrisa.

—¡Juguemos al béisbol! —exclamaron los animales llenos de alegría.

VERIFICAR LO QUE ENTENDÍ

¿Cómo se resuelve el problema? ¿Cómo termina el cuento?

_____

_____

_____

ESCRIBE SOBRE ELLO ¿La capitana Gata es una buena
líder? ¿Por qué? Usa detalles del cuento en tu respuesta.

_____

_____

_____

_____

_____

_____

_____

_____

_____

_____

Prepárate para leer

Las **biografías** cuentan la vida de una persona real. Mientras lees *Frida Kahlo*, observa:

- acontecimientos ordenados del primero al último
- fotografías de la persona
- obras de la artista

ESTABLECER UN PROPÓSITO Lee para descubrir las ideas más importantes de cada parte. Luego **sintetiza**, o compila estas ideas en tu mente, para descubrir lo que el texto realmente significa para ti.

PALABRAS PODEROSAS

coser

caballete

empinado

exposición

Desarrollar el contexto: Arte mexicano

Frida Kahlo

por F. Isabel Campoy

En un día de tormenta, el 6 de julio de 1907, nació Frida Kahlo en la Casa Azul, en la ciudad de Coyoacán, cerca de la Ciudad de México.

La Casa Azul tenía un gran patio central en el que Frida jugaba. Por las tardes, la madre y sus cuatro hijas se sentaban en el patio a coser y a bordar. En un lado del patio, el padre de Frida, Guillermo Kahlo, tenía su estudio de fotografía. Eran días felices y prósperos para la familia Kahlo.

Frida, a los tres años

Frida vivía en la Casa Azul con sus padres y sus hermanas.

42

Aquella felicidad fue rota por las enfermedades. El padre de Frida estaba enfermo. Y a los seis años, Frida contrajo poliomielitis. Esto hizo que don Guillermo Kahlo y su hija Frida se sintieran muy unidos. La polio le afectó la pierna derecha a Frida. Le quedó pequeña y delgada. A pesar de ello hacía mucho ejercicio para ponerse fuerte.

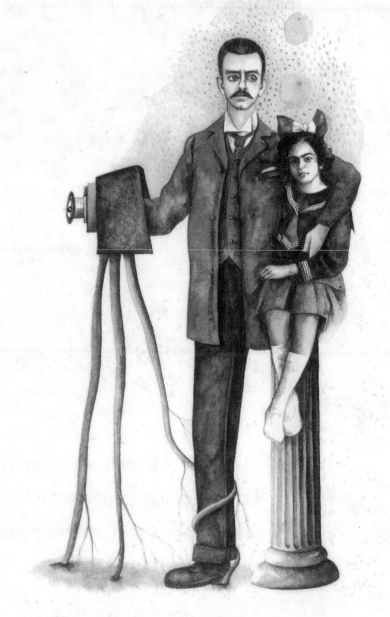

Frida y su papá siempre andaban juntos.

Frida y sus hermanas

Frida fue a la escuela primaria en Coyoacán.
Tenía muchas amigas con las que se iba a jugar.
Ella siempre ocultaba su pierna con calcetines
altos o pantalones.

A los quince años entró a la escuela preparatoria.
La escuela estaba en la Ciudad de México, a una
hora de distancia de Coyoacán. Todos los días
viajaba a la preparatoria en autobús.

Frida Kahlo, *El camión*, 1929

Un día, de camino al colegio en el autobús, ocurrió un grave accidente. Frida estuvo un mes en el hospital. Sus amigos iban a visitarla con frecuencia.

Frida nunca acabó sus estudios. Entonces empezó a pintar. La mamá de Frida hizo construir para su hija un caballete pequeño que pudiera colocar sobre la cama. Puso un espejo sobre su cama y Frida empezó a pintar retratos de su cara, una y otra vez. Aquellas pinturas la mantenían entretenida. Durante dos años luchó por su vida.

Frida Kahlo, *Autorretrato con traje de terciopelo*, 1926

45

Cuando se recuperó, le enseñó sus dibujos a un famoso muralista. Él a su vez se los mostró a Diego Rivera. Diego Rivera era un famoso pintor de murales. Cuando vio los dibujos de Frida le dijo: "Tus dibujos son tan hermosos como tú".

Frida, en 1931

Diego Rivera era un famoso pintor de murales. Diego y Frida se amaban.

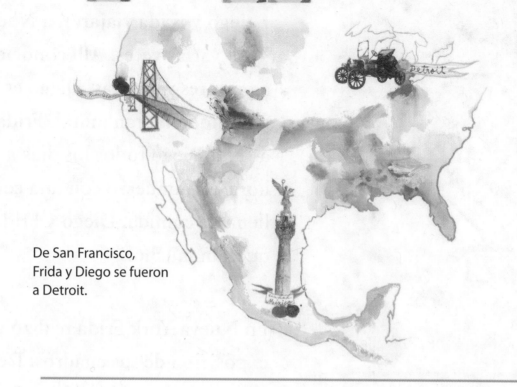

De San Francisco,
Frida y Diego se fueron
a Detroit.

Ella siguió mostrándole dibujos y él empezó a visitarla hasta que se casaron, el 21 de agosto de 1929. Un año más tarde, Diego y Frida se trasladaron de México a San Francisco, California. Allí Diego tenía que pintar varios murales. Frida pasaba los días visitando museos y paseando en tranvía por las calles empinadas de la ciudad.

De San Francisco, Frida y Diego se fueron a Detroit. Diego pintó allí murales de los trabajadores que construían carros en las fábricas de Detroit.

Frida Kahlo, *Autorretrato con simios*, 1943

Frida Kahlo, *El pollito*, 1945

Diego y Frida viajaron a Nueva York varias veces. Allí conocieron a pintores y artistas. Diego estaba pintando un gran mural. Frida iba a ver a Diego todos los días a la hora del almuerzo con una cesta llena de comida. Diego y Frida se querían mucho.

En Nueva York Frida realizó una exposición de sus cuadros. De Nueva York, Frida se fue a París. En París tuvo mucho éxito. El Museo del Louvre le compró un cuadro a Frida. Ella no estaba acostumbrada a vender su pintura. Hasta entonces solía regalarla a amigos. Tener un cuadro en un museo importante del mundo la hizo muy feliz.

Poco a poco, Frida fue haciéndose famosa. Sus cuadros se exponían en varios museos del mundo y esa fama llegó a México. Sin embargo, no era feliz porque Diego Rivera le pidió que se divorciaran. Y así ocurrió.

Frida Kahlo, *Naturaleza muerta con loro y fruta*, 1951

Frida con su perrito, 1949

Frida tuvo que trabajar mucho para mantenerse a sí misma. Enseñó pintura en un colegio público. Su contacto con los niños y la gente joven la volvió a animar. A veces no podía viajar hasta la Ciudad de México porque no se sentía bien. Entonces, sus alumnos viajaban hasta la Casa Azul en Coyoacán para recibir sus lecciones.

49

Frida y Diego volvieron a casarse y a vivir juntos en Coyoacán. Ella siguió pintando.

En 1953 se celebró su primera exposición individual en México. Por entonces Frida estaba muy enferma. La noche de la apertura, su salud empeoró, pero ella decidió asistir.

Frida murió en 1954 en la Casa Azul, donde había vivido los mejores y los peores momentos de su vida.

Frida en su habitación en la Casa Azul, 1945-1947

Frida Kahlo, *Viva la vida*, 1954

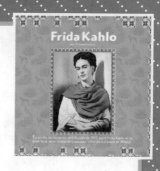

Usa detalles de *Frida Kahlo* para contestar estas preguntas con un compañero.

1. **Sintetizar** Los acontecimientos de la vida de Frida Kahlo sucedieron hace mucho tiempo. ¿Por qué su historia sigue siendo importante para las personas hoy en día?

2. ¿Qué problemas tuvo Frida cuando era niña?

3. ¿Por qué crees que el libro incluye pinturas de Frida Kahlo? ¿Qué aprendes con ellas?

Sugerencia para escuchar

Espera hasta que tu compañero termine de hablar antes de hacerle una pregunta o agregar información.

Escribir consejos

INDICACIÓN ¿Qué consejos crees que daría Frida Kahlo sobre creer en uno mismo? Usa detalles del texto y de las imágenes para explicar tus ideas.

PLANIFICA Primero, anota los desafíos a los que se enfrentó Frida Kahlo. Luego, anota sus logros.

Desafíos	Logros

ESCRIBE Ahora, escribe los consejos que crees que Frida Kahlo daría sobre creer en uno mismo. Recuerda:

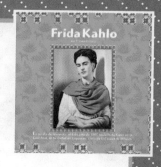

- Incluye detalles de su vida para apoyar tus ideas.

- Usa palabras como *me parece* o *creo*.

_____

_____

_____

_____

_____

_____

_____

_____

_____

_____

Prepárate para leer

ESTUDIO DEL GÉNERO ▶ Las **biografías** cuentan la vida de una persona real.

HACER UNA PREDICCIÓN ▶ Da un vistazo a "En defensa de los trabajadores migrantes". César Chávez se esforzó mucho para ayudar a los demás. Lee el título y los encabezados. ¿Qué crees que hizo?

_____

_____

_____

_____

_____

_____

ESTABLECER UN PROPÓSITO ▶ Lee para descubrir por qué los trabajadores migrantes admiraban a César Chávez.

En defensa de los trabajadores migrantes

LEE ¿Cómo fue la infancia de César Chávez?

Infancia

César Chávez nació en 1927 en Arizona. En 1939, su familia se mudó a California. Se convirtieron en trabajadores agrícolas migrantes. Eso significa que iban de una granja a otra para recoger frutas y verduras. Era una vida difícil. Trabajaban muchas horas por poco dinero. Para ayudar a su familia, Chávez dejó la escuela después del octavo grado para trabajar en las granjas a tiempo completo. ▶

Para leer con atención

Numera los acontecimientos principales en orden.

VERIFICAR LO QUE ENTENDÍ

¿Por qué crees que el autor incluye el encabezado "Infancia"?

_____

_____

Ayuda a los trabajadores agrícolas

César Chávez quería que las personas supieran cuánto trabajaban los trabajadores de las granjas y lo poco que ganaban. También quería leyes que los ayudaran. En la década de 1960, lideró muchas marchas pacíficas. Las marchas llamaron la atención sobre este problema.

Chávez siguió luchando. Después de muchos años, sus esfuerzos dieron fruto. Los trabajadores migrantes consiguieron trabajar menos horas por más dinero. Chávez murió en 1993. Las personas de todas partes lo admiran porque luchó por los derechos de las personas.

VERIFICAR LO QUE ENTENDÍ

¿Por qué los sucesos de la vida de César siguen siendo importantes hoy en día?

_____

_____

_____

ESCRIBE SOBRE ELLO ¿Por qué crees que César Chávez es un líder importante que debemos conocer? Usa detalles del texto para explicar tu respuesta.

_____

_____

_____

_____

_____

_____

_____

_____

_____

_____

_____

Prepárate para leer

ESTUDIO DEL GÉNERO La **escritura de opinión** muestra los pensamientos, las creencias o las ideas de un autor. Mientras lees *Grandes líderes*, busca:

- cuál es la opinión del autor
- razones que apoyan una opinión
- formas en las que el autor intenta hacer que el lector esté de acuerdo con él

ESTABLECER UN PROPÓSITO Mientras lees, piensa en las palabras del autor. Luego **evalúa**, o decide, cuáles son los detalles más importantes que te ayudan a comprender el texto.

PALABRAS PODEROSAS

política

cotidiano

consejo

ganarse

Desarrollar el contexto: Tener opiniones

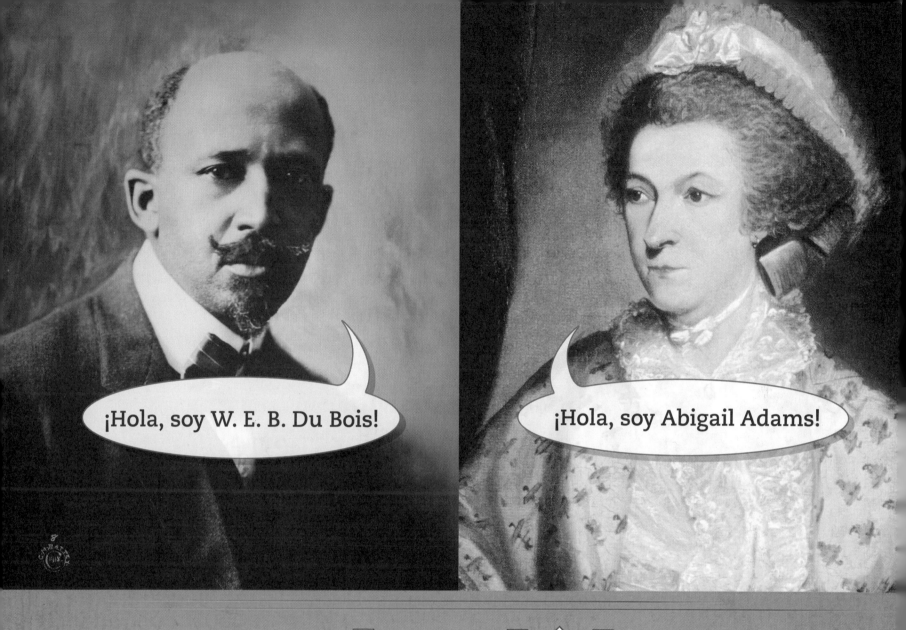

Grandes líderes

El periódico escolar pidió a dos estudiantes que escribieran su opinión acerca de un gran líder histórico. Olivia eligió a Abigail Adams. Anthony eligió a W. E. B. Du Bois. Lee los dos ensayos. ¿Por qué cada una de estas personas fue un gran líder?

¡Hola, soy Olivia!

Abigail y John Adams

ABIGAIL ADAMS:
Mujer fuerte, líder fuerte

por Olivia

Abigail Adams fue una líder fuerte. Lo que más le importaba era que las cosas se hicieran. ¡Espero que estés de acuerdo conmigo!

Abigail fue la esposa de nuestro segundo presidente, John Adams. Muchas mujeres no recibían una buena educación en aquella época. Abigail no pudo ir a la escuela cuando era pequeña por estar enferma. Sin embargo, era muy inteligente y aprendía por su cuenta. Estudió historia y política.

Cuando John no estaba en casa, Abigail se ocupaba de sus quehaceres cotidianos. ¡Pero también se encargaba de las tareas de John! Incluso compraba y vendía tierras. En aquel entonces, solo los hombres hacían ese tipo de trabajos.

A Abigail le importaban mucho los derechos de las mujeres. Cuando Estados Unidos se estaba formando, le escribió una carta a John. Quería que les dijera a los hombres que no se olvidaran de las mujeres. Pensaba que, si ellas tenían que cumplir las leyes, también debían ayudar a redactarlas.

Estatua de Abigail Adams con su hijo

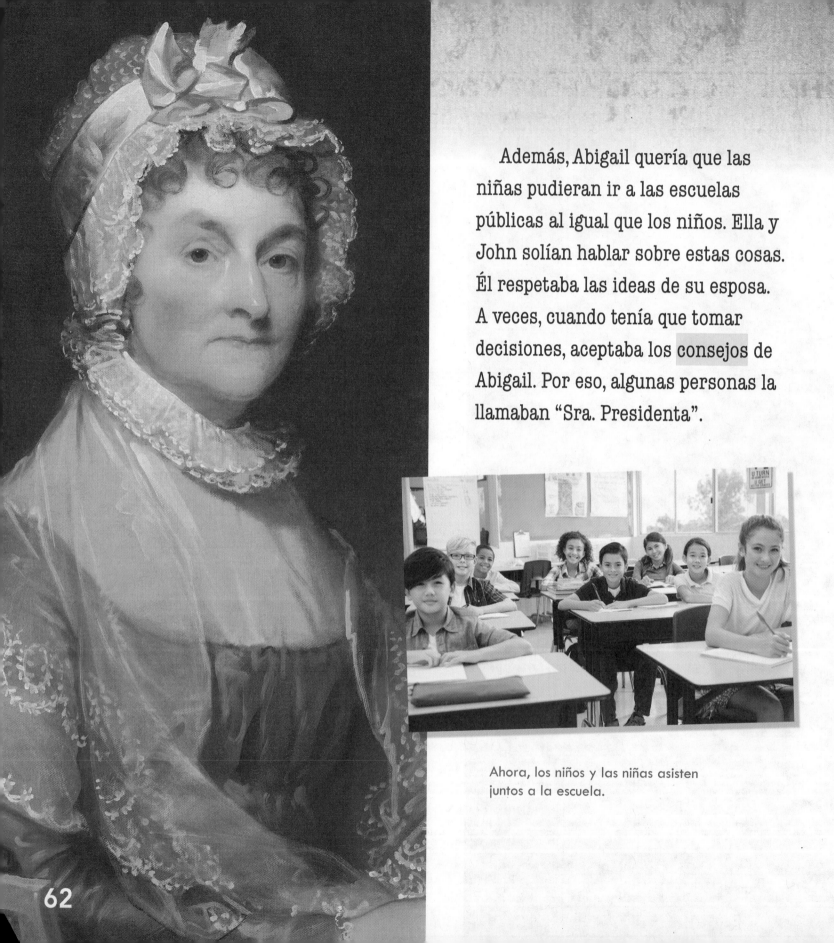

Además, Abigail quería que las niñas pudieran ir a las escuelas públicas al igual que los niños. Ella y John solían hablar sobre estas cosas. Él respetaba las ideas de su esposa. A veces, cuando tenía que tomar decisiones, aceptaba los consejos de Abigail. Por eso, algunas personas la llamaban "Sra. Presidenta".

Ahora, los niños y las niñas asisten juntos a la escuela.

Como ves, Abigail Adams hizo cosas poco comunes para las mujeres de su tiempo. Ayudó a su esposo a tomar decisiones por el bien del país. Habló sobre los derechos de las mujeres. En casa, realizó tareas que normalmente hacían los hombres. Por todo esto, pienso que Abigail Adams fue un gran ejemplo de lo que debe ser un líder.

Estatua de Abigail Adams en Boston

¡Hola, soy Anthony!

W. E. B. Du Bois

W. E. B. DU BOIS
El poder de un líder
por Anthony

Creo que W. E. B. Du Bois fue un líder importante en nuestro país. Se esforzó por cambiar lo que no le gustaba. Quería ayudar a los demás, y así lo hizo. Además, se ganó el respeto de muchas personas en todo el mundo.

Universidad de Harvard

En 1895, W. E. B. Du Bois se graduó de la Universidad de Harvard, una de las mejores universidades de nuestro país. Fue el primer afroamericano que obtuvo allí un doctorado, que es un título muy especial. Así, abrió el camino para otros afroamericanos que también querían estudiar. Mientras que la mayoría de las personas pasa cuatro años en la universidad, W. E. B. Du Bois prefirió quedarse más tiempo. Esto demuestra que siempre se esforzaba al máximo.

W. E. B. Du Bois tuvo muchos trabajos a lo largo de su vida. Entre otros, fue maestro. En cierto sentido, los maestros también son líderes. Sirven de ejemplo a sus estudiantes de cómo deben comportarse.

W. E. B. Du Bois

W. E. B. Du Bois se preocupaba mucho por los derechos de las personas. Cuando se mudó a Tennessee, se dio cuenta de que algunas personas no tenían los mismos derechos que otras. Esto le causó tristeza y enojo, así que intentó solucionar el problema. Redactó documentos y pronunció discursos sobre la igualdad de derechos. Así, llegó a ser famoso en la defensa de la igualdad. Su intenso trabajo en la comunidad hizo que W. E. B. Du Bois fuera un líder aun mejor, ya que sabía conectar con las personas.

67

Mural de W. E. B. Du Bois
en Filadelfia

W. E. B. Du Bois esperaba mucho de
sí mismo y de los demás. Fue un gran
modelo de persona, ya que mostró a los
demás cómo hacer cambios positivos.
Creo que todos deberíamos aprender
de sus acciones. Si lo hacemos, ¡todos
podemos ser líderes! ¿No te parece?

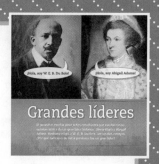

Grandes líderes

Usa detalles de *Grandes líderes* para contestar estas preguntas con un compañero.

1. **Evaluar** ¿Cuáles son los detalles más importantes que hay que recordar sobre Abigail Adams y W. E. B. Du Bois? Busca pistas en el texto y en las imágenes como ayuda para decidir.

2. Busca dos datos y dos opiniones sobre Abigail Adams. Luego, busca dos datos y dos opiniones sobre W. E. B. Du Bois. ¿Cómo te ayudan las opiniones a conocer a los autores?

3. ¿Por qué los autores escribieron estos textos? ¿De qué quieren persuadirte?

Sugerencia para la conversación

Usa tus propias palabras para explicar detalles del texto. Completa la siguiente oración:

Leí que _____.

Escribir una opinión

INDICACIÓN Tanto Abigail Adams como W. E. B. Du Bois se esforzaron por lograr cambios. ¿Cómo crees que sus acciones cambiaron la vida de los demás? Usa detalles de las palabras y las fotografías para explicar tus ideas.

PLANIFICA Primero, haz una lista de las cosas que eran importantes para Abigail Adams y W. E. B. Du Bois. Piensa a quiénes querían ayudar.

Abigail Adams	W. E. B. Du Bois

ESCRIBE Ahora, escribe una opinión que explique cómo crees que sus acciones cambiaron la vida de otras personas.

Recuerda:

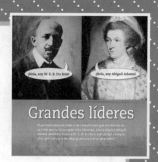

Grandes líderes

- Usa palabras de opinión como *creo* o *me parece*.

- Usa ejemplos de su vida para apoyar tus ideas.

_____

_____

_____

_____

_____

_____

_____

_____

_____

_____

_____

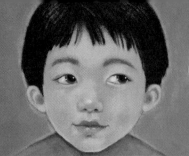

Prepárate para leer

ESTUDIO DEL GÉNERO La **escritura de opinión** muestra los pensamientos, las creencias o las ideas de un autor.

HACER UNA PREDICCIÓN Da un vistazo a "¡Niños presidentes!". El autor piensa que los niños y las niñas deberían ser candidatos a la presidencia. ¿Cómo crees que logrará que los lectores estén de acuerdo con él?

_____

_____

_____

_____

_____

_____

ESTABLECER UN PROPÓSITO Lee para descubrir por qué el autor cree que los niños y las niñas serían buenos presidentes.

¡Niños presidentes!

LEE ¿Qué detalles muestran una opinión? <u>Subráyalos</u>.

¿Te gustaría ser presidente cuando seas grande? ¿Por qué esperar? En mi opinión, los niños serían excelentes presidentes. Un presidente tiene que ser justo cuando toma decisiones. Los niños aprendemos constantemente cómo ser justos. Un presidente debe llevarse bien con los líderes del mundo. Los niños sabemos respetar el turno, compartir y cumplir las reglas. ▶

Para leer con atención

Marca las ideas importantes con un *.

VERIFICAR LO QUE ENTENDÍ

¿Cuál es la opinión del autor acerca de quién puede ser presidente? ¿Qué razones da para apoyarla?

_____

_____

_____

LEE El autor incluye datos y opiniones. <u>Subraya</u> una oración que contenga un dato.

Un presidente tiene que saber escuchar. Debe escuchar lo que es importante para las personas. Eso lo ayuda a tomar buenas decisiones. Los niños somos muy buenos escuchando. Escuchamos a nuestros padres, a nuestros maestros y a nuestros amigos todos los días.

Los niños también somos buenos soñando. Tenemos una gran imaginación. Eso sería muy útil para un presidente. Si un presidente piensa en grande, pueden suceder cosas maravillosas para todos los habitantes del país.

Por eso creo que los niños y las niñas deberían ser presidentes.

VERIFICAR LO QUE ENTENDÍ

¿Qué detalles te ayudan a decidir si un niño o una niña sería un buen presidente?

_____

_____

_____

_____

ESCRIBE SOBRE ELLO El autor de "¡Niños presidentes!"
cree que los niños y las niñas serían buenos presidentes. ¿Estás
de acuerdo? Usa detalles del texto para explicar tu opinión.

_____

_____

_____

_____

_____

_____

_____

_____

_____

_____

_____

Prepárate para leer

ESTUDIO DEL GÉNERO Los **textos informativos** son un tipo de no ficción. Presentan datos sobre un tema. Mientras lees *¿Quiénes son los líderes del gobierno?*, busca:

- pies de foto con fotografías
- el mensaje y los detalles
- detalles y datos sobre un tema

ESTABLECER UN PROPÓSITO Mientras lees, **haz un resumen** del texto. Usa tus propias palabras para describir las ideas más importantes en un orden que tenga sentido.

PALABRAS PODEROSAS
cargo
resolver
estado
miembro
ley
capital
habitante
ayuntamiento

Desarrollar el contexto: ¿Qué es el gobierno?

¿QUIÉNES SON LOS LÍDERES DEL GOBIERNO?

por Jennifer Boothroyd

Los líderes del gobierno crean las normas que todos debemos obedecer.

Este líder guía a su grupo de exploradores.

¿Qué es un líder?

Un líder es alguien que está a cargo de un grupo de personas. Los líderes procuran ayudar a su grupo y resuelven los problemas. También colaboran con otras personas y saben escuchar.

Algunos líderes trabajan en el gobierno. Los líderes del gobierno ayudan a crear normas. Crean las normas de nuestro país, de nuestro estado y de nuestra ciudad.

Los líderes de nuestro país

Los líderes de nuestro país trabajan en Washington, D. C. El presidente está al frente del país y los **miembros** del Congreso crean las **leyes**. El presidente y el Congreso trabajan juntos.

Edificio del Capitolio en Washington, D. C.

La mayoría de los gobernantes se eligen cada cuatro años.

 ## Los líderes del estado

Los líderes estatales trabajan en la capital del estado. Los habitantes de cada estado eligen a un gobernador. El gobernador está al frente del estado y también colabora con los legisladores, que son quienes crean las leyes del estado.

Los líderes de la ciudad

El alcalde es el líder del gobierno de una ciudad. El alcalde colabora con el ayuntamiento de la ciudad.

Los ciudadanos eligen a los miembros del ayuntamiento.

Los buenos líderes hacen que nuestro
país sea un lugar mejor para vivir.

Conversación en parejas

Usa detalles de *¿Quiénes son los líderes del gobierno?* para contestar estas preguntas con un compañero.

1. Resumir ¿Qué aprendiste sobre los líderes del gobierno al leer este texto?

2. ¿Por qué saber escuchar es una parte importante de ser un líder del gobierno?

3. ¿Cuál crees que es la parte más interesante de ser un líder del gobierno? ¿Cuál crees que es la parte más difícil?

Sugerencia para escuchar

Mira a tu compañero mientras lo escuchas. Asiente para demostrar que estás interesado.

Escribir un anuncio de empleo

INDICACIÓN Un anuncio de empleo es un anuncio que aparece en un periódico cuando hay un puesto de trabajo disponible. Les dice a las personas qué se necesita para desempeñar el trabajo. ¿Qué escribirías en un anuncio de empleo para un líder del gobierno? Usa detalles de las palabras y las fotografías para explicar tus ideas.

PLANIFICA Primero, piensa en las destrezas que deben tener los líderes del gobierno. Agrégalas a la red.

Líderes del gobierno

ESCRIBE Ahora, escribe un anuncio de empleo para un puesto como líder del gobierno. Recuerda:

- Describe las destrezas que necesita una persona para desempeñar bien el trabajo.

- Explica por qué el trabajo es importante.

_____

_____

_____

_____

_____

_____

_____

_____

_____

_____

Prepárate para leer

ESTUDIO DEL GÉNERO Los **textos informativos** son un tipo de no ficción. Presentan datos sobre un tema.

HACER UNA PREDICCIÓN Da un vistazo a "¡Primero, infórmate! ¡Luego, vota!". Votar a buenos líderes es muy importante. ¿De qué crees que tratará este texto?

_____

_____

_____

_____

_____

_____

_____

ESTABLECER UN PROPÓSITO Lee para descubrir cómo las personas eligen a quién votar.

¡Primero, infórmate! ¡Luego, vota!

LEE ¿Qué es un candidato? <u>Subraya</u> la oración que te ayuda a entender el significado de la palabra.

En Estados Unidos, los ciudadanos votan a los líderes del gobierno. Ser líder del gobierno es un trabajo muy importante. Las personas confían en ellos para que tomen decisiones bien pensadas. Elegir a quién votar también es un trabajo muy importante. ¿Cómo deciden las personas a quién votar? ¡Vamos a averiguarlo!

Primero, las personas piensan en los temas que les parecen importantes. Construir buenas escuelas es un ejemplo de un tema importante. Luego, se informan sobre cada candidato, o persona que se ofrece para un puesto en el gobierno. Se preguntan: "¿Qué candidato piensa igual que yo sobre los temas que más me importan?". ▶

Para leer con atención

Encierra en un círculo las palabras que no conoces. Luego, intenta descubrir qué significan.

Hay muchas formas de informarse sobre los candidatos. Una forma es mirar un debate. Un debate es una discusión entre personas que no están de acuerdo. Cuando los candidatos debaten, dan su opinión sobre distintos temas.

Otra forma de informarse sobre los candidatos es leer. Antes de las elecciones, los periódicos publican artículos sobre los candidatos. También se escriben libros sobre ellos. Algunos candidatos incluso escriben sus propios libros.

Cuando llega la hora de votar, las personas piensan en todo lo que averiguaron. Luego, se preguntan: "¿Quién creo que hará mejor el trabajo?". Entonces, toman una decisión.

> **Para leer con atención**
>
> Marca las palabras importantes con un *.

VERIFICAR LO QUE ENTENDÍ

¿Cuáles son las ideas más importantes de esta página?

_____

_____

_____

88

ESCRIBE SOBRE ELLO Cuenta lo que aprendiste con tus propias palabras. Escribe un resumen sobre "¡Primero, infórmate! ¡Luego, vota!".

_____

_____

_____

_____

_____

_____

_____

_____

_____

_____

_____

Prepárate para ver un video

ESTUDIO DEL GÉNERO Los **videos** son películas breves que te dan información o te ofrecen algo para que veas y disfrutes. Mientras ves *Thomas Edison y el foco eléctrico*, observa:

- cómo se relacionan las imágenes, los sonidos y las palabras
- de qué trata el video
- información sobre el tema
- el tono o la atmósfera del video

ESTABLECER UN PROPÓSITO Una manera de contar acontecimientos es en **orden cronológico**. Eso quiere decir que se cuentan en el orden en que ocurrieron. Presta atención al orden de los acontecimientos en el video. ¿Cómo te ayuda el orden a comprender cómo se relacionan los acontecimientos?

Desarrollar el contexto: Qué hacen los inventores

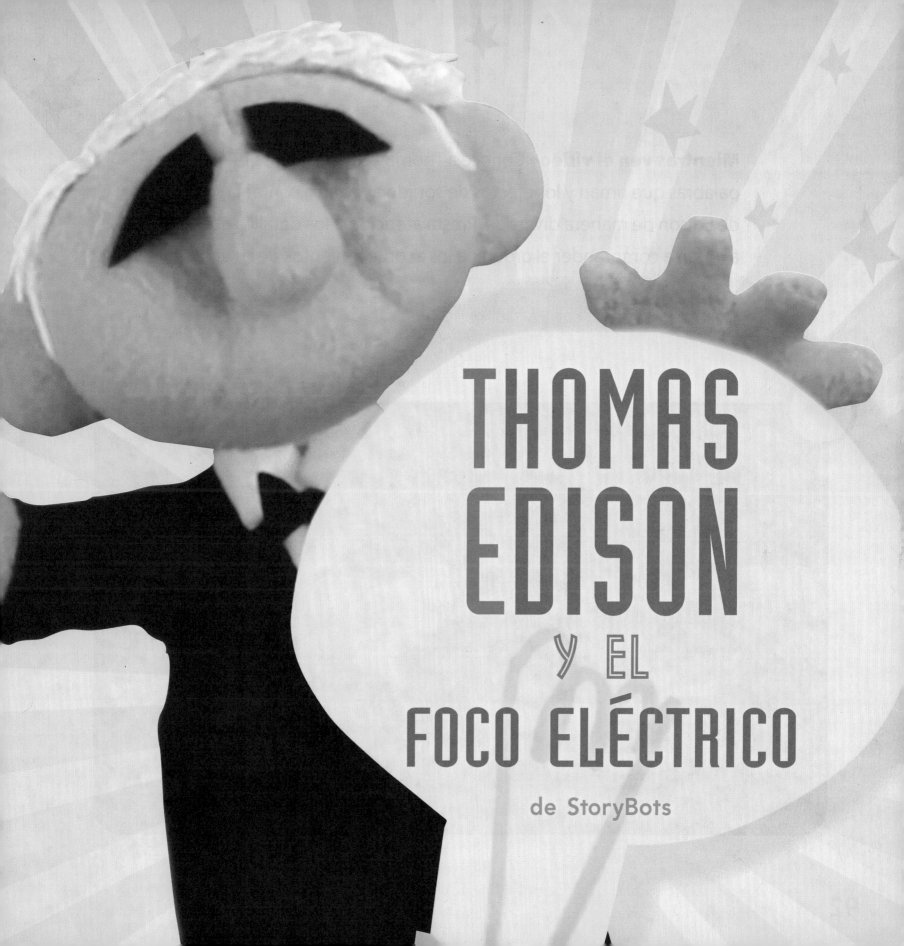

THOMAS EDISON
Y EL
FOCO ELÉCTRICO

de StoryBots

Mientras ven el video ¡Conoce a Thomas Edison! Piensa en cómo las palabras que riman y los efectos de sonido ayudan a contar la historia de Edison de manera divertida. Presta atención a los detalles que te ayudan a comprender el orden de los acontecimientos de su vida.

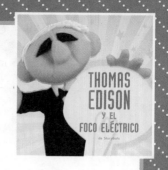

Usa detalles de *Thomas Edison y el foco eléctrico* para contestar estas preguntas con un compañero.

1. **Orden cronológico** ¿Cuál fue el orden de los acontecimientos que llevaron a que Edison inventara el foco eléctrico?

2. ¿Por qué el video muestra a Edison arrojando una planta a un montón de plantas apiladas? ¿Cómo te ayuda eso a comprender cómo se sentía Edison acerca de los inventos?

3. ¿Qué tienen en común Thomas Edison y Maya de *Llegar lejos*? ¿Qué los convierte a los dos en líderes?

Sugerencia para la conversación

Pregunta para saber más sobre las ideas de tu compañero. Completa la siguiente oración.

Por favor, explícame _____.

¡Hora de concluir!

(?) Pregunta esencial

¿Cuáles son las características de un buen líder?

Elige una de estas actividades para mostrar lo que aprendiste sobre el tema.

1. Haz una entrevista a un líder

Piensa en los diferentes líderes sobre los que leíste en los textos. ¿Cuál es el que más te gustaría conocer? Escribe cinco preguntas que te gustaría hacerle si pudieras entrevistar a esa persona.

> **Desafío de palabras**
>
> ¿Puedes usar la palabra inspirar en alguna de tus preguntas?

2. Conocer a los líderes

En grupo, hagan un juego de roles de una conversación entre los líderes sobre los que leyeron. Cada miembro del grupo debe ser un líder diferente. Túrnense para presentarse y describir qué es lo que los hace líderes. Usen detalles de los textos para explicar sus ideas.

Mis notas

Hablemos del estado del tiempo

"Al mal tiempo, buena cara".

—Dicho popular

? Pregunta esencial

¿Cómo nos afecta el estado del tiempo?

Video de
Mentes
curiosas
▶

Palabras acerca del clima

Completa la Red de vocabulario para mostrar lo que sabes sobre estas palabras.

precipitación

Significado: La **precipitación** es agua que cae del cielo, como la lluvia, el aguanieve, el granizo o la nieve.

Sinónimos y antónimos	Dibujo

clima

Significado: El **clima** es el estado del tiempo habitual en un lugar.

Sinónimos y antónimos	Dibujo

temperatura

Significado: La **temperatura** es qué tan caliente o frío está un lugar o una cosa.

Sinónimos y antónimos	Dibujo

EL TIEMPO EN LAS DISTINTAS ESTACIONES

El tiempo es cómo está el aire afuera. Un mapa meteorológico muestra el estado del tiempo en diferentes lugares. Los mapas meteorológicos usan símbolos, figuras y colores. Todas estas indicaciones juntas nos muestran cómo va a estar el tiempo.

Temperatura promedio en verano

Temperatura (en °F)

50–59
60–65
66–70
71–75
76–80
81–85

¿Qué indica el mapa sobre el tiempo en verano en las diferentes partes del país?

¿Qué indican las palabras y los dibujos siguientes acerca del tiempo en invierno?

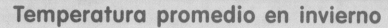

Temperatura promedio en invierno

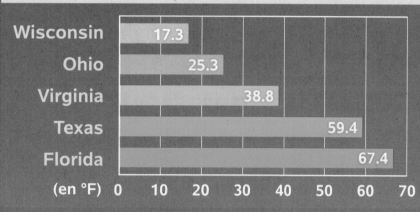

Wisconsin	17.3
Ohio	25.3
Virginia	38.8
Texas	59.4
Florida	67.4

(en °F) 0 10 20 30 40 50 60 70

Promedio de nieve anual

Pulgadas de nieve

50 o más
de 25 a 50
de 12 a 25
de 1 a 12
de 0 a 1

¿Cómo son el verano y el invierno en tu estado en comparación con otras partes del país?

Prepárate para leer

ESTUDIO DEL GÉNERO ▶ La **narración de no ficción** presenta datos sobre un tema, pero parece un cuento. Mientras lees *El tiempo está loco*, busca:

- información y datos sobre un tema real
- elementos visuales, como mapas y diagramas con texto
- la manera en que los elementos visuales y las palabras ayudan a los lectores a comprender el texto

ESTABLECER UN PROPÓSITO ▶ Lee para hacer suposiciones, o **inferencias,** acerca de detalles que el autor no revela. Usa las pistas del texto y las ilustraciones como ayuda.

PALABRAS PODEROSAS
sendero
valle
arduo
predecir
adherirse
embudo
ocurrir
cesar

Conoce a Thomas Kingsley Troupe.

EL TIEMPO ESTÁ LOCO

por Thomas Kingsley Troupe

ilustraciones de Jamey Christoph

Allá en lo alto, en un sendero de montaña, una excursionista se sentó e hizo un pájaro de origami.

—¡Qué suave brisa! —dijo.

Mientras sostenía el pájaro en alto, una ráfaga de viento elevó el papel. El pájaro empezó a volar.

—¡Vaya! ¿Cómo es que se puso tan ventoso?

Justo entonces, el pájaro divisó un pato que volaba cerca de él.

—¡Hola! ¿Cómo te llamas?

El pájaro recordó que la
excursionista había dicho *brisa*.

—Brisa, creo.

—Yo soy Chuck. Gusto en
conocerte, Brisa. Mira, tengo un
gran problema. Mi esposa,
Natasha, ha desaparecido.
Estábamos intentando volar
lejos de aquí.

—¿Y por qué quieren irse? —preguntó Brisa al ver que aquel valle era lindísimo.

—¿No eres un ave? Casi todas las aves vuelan hacia el sur antes del invierno. ¡Este viento hace que volar sea arduo!

—¿De dónde viene todo este viento?

AIRE CALIENTE

AIRE FRÍO

—Es sencillo —dijo Chuck—. El Sol calienta la tierra y esto hace que el aire también se caliente. El aire caliente se eleva. Y el aire frío se apresura a ocupar el espacio vacío que deja el aire caliente. Y como la Tierra gira, el viento puede venir de cualquier dirección.

—Entonces, ¿crees que el viento se llevó a Natasha? —preguntó Brisa.

—Espero que no —graznó Chuck—. Estaba junto a mí, ¡pero de pronto desapareció!

Una gota de agua cayó sobre
un ala de Brisa.

—¡Justo lo que nos faltaba! ¡Ahora se pone
a llover! Vuela debajo de mí, Brisa. No creo
que el papel mojado pueda volar bien.

—¿Nubes y lluvia?
¿Cómo llegaron aquí?

—Fíjate en esta gráfica del ciclo del agua. Explica cómo se forman las nubes y cómo cae la lluvia.

—¡Vaya! Es bastante sencillo, en realidad.

CICLO DEL AGUA

El Sol calienta el agua de la tierra y la transforma en un gas invisible.

Las gotitas de agua se agrupan y forman nubes.

El gas sube, se enfría y se transforma en gotitas de agua.

Las gotitas de agua se unen y caen en forma de lluvia.

109

—Entonces, ¿la lluvia es solo un montón de gotas diminutas? —preguntó Brisa—. Eso no parece tan malo.

—Las tormentas normales están bien. Pero las tormentas eléctricas pueden provocar relámpagos y lluvias intensas. Cuando cae mucha lluvia de una vez, pueden producirse inundaciones.

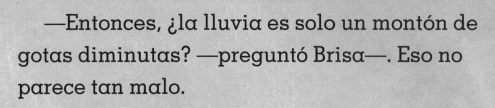

—¡Caramba!

—Espera un momento —gritó Chuck—. ¡Está cayendo granizo!

—¿Granizo? —trinó Brisa—. ¿Qué es eso?

—A veces se forman nubes de tormenta llamadas *cumulonimbos*. Las gotitas de agua de la parte de arriba de la nube rebotan y se congelan, formando bolitas de hielo —explicó Chuck—. Las bolitas chocan contra las gotitas de agua y, así, el granizo se hace más grande.

—¿Y una vez que el granizo se vuelve demasiado pesado, cae? —preguntó Brisa.

—¡Acertaste! —gritó Chuck—. Sígueme, vamos hacia el bosque.

111

—¿Y no hay manera de saber cuándo el tiempo se pondrá loco?

—¡Sí la hay! Los meteorólogos estudian y **predicen** el tiempo con la ayuda de algunas herramientas.

—¿Herramientas meteorológicas? —preguntó Brisa—. ¿Como cuáles?

ANEMÓMETRO

RADAR

SATÉLITE

—Tienen instrumentos para medir la velocidad y la dirección del viento —explicó Chuck—. Y un radar para rastrear la lluvia y las tormentas eléctricas. Los meteorólogos incluso usan satélites en el espacio exterior para controlar cómo y hacia dónde se mueven las nubes.

Brisa tiritó. Su cuerpo de papel se estaba enfriando.

—Natasha está perdida y nevará en cualquier momento —graznó tristemente Chuck.

—¿Qué es eso de la nieve?

—Es un poco diferente al granizo. El vapor de agua se transforma en un cristal de hielo. El cristal de hielo se adhiere a otros cristales y forman un copo de nieve.

—Eso no parece tan malo —dijo Brisa.

—Si el suelo y el aire están suficientemente
fríos, los copos de nieve se amontonan y cubren
el suelo —dijo Chuck—. Los lagos se congelan
y, para las aves como nosotros, se hace
dificilísimo encontrar comida.

—¡Ah! ¡Es por eso que vuelan hacia el sur!

—¡Sí, pero no volaré al sur sin
mi esposa! ¡Natasha! —graznó
Chuck—. ¿Dónde estás?

—¿Cómo es el tiempo en el sur?

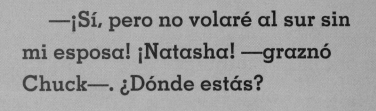

—Mucho más cálido.
Pero el tiempo también
puede volverse loco allá.

—¿Qué quieres decir?
—preguntó Brisa.

—La temperatura mide el calor —explicó Chuck—. Cuando el aire está caliente, la temperatura es alta. Una temperatura baja significa que hace frío.

—Tiene sentido —dijo Brisa.

—Demasiado calor puede hacer daño a las personas, a las plantas… incluso a los animales —graznó Chuck—. Durante una ola de calor, la temperatura y la humedad se mantienen altas por dos días o más.

—¡No me gustaría estar en uno de esos días! —dijo Brisa.

¿Dónde se registró la peor ola de calor? Fue muy al sur. En Marble Bar, Australia, la temperatura superó los 100 grados Fahrenheit (38 grados centígrados) durante 160 días seguidos en 1923. ¡Allí sí que hizo calor, amigo!

—¿Dónde está Natasha? ¡No puede haber desaparecido así como así!

—¿Qué les ha pasado a esos árboles?

—Hace unos años pasó por aquí un tornado —dijo Chuck.

—¿Qué es un tornado? —preguntó Brisa.

—Es un embudo de viento que se forma en el cielo y destroza todo lo que toca en el suelo —respondió Chuck—. Los tornados se forman durante una tormenta eléctrica. Es más probable que ocurran en zonas de tierras llanas.

—Pero, ¿cómo? —preguntó Brisa.

—Cuando el viento de una tormenta cambia de dirección, aumenta la velocidad y se eleva, haciendo que el aire de abajo gire. El aire que se eleva empuja la columna de aire hacia abajo hasta que está vertical. El embudo giratorio se acelera, formando así un tornado.

Por lo general, los tornados se clasifican como débiles, fuertes o violentos. Los violentos pueden tener vientos de más de 200 millas (322 kilómetros) por hora. Pueden destruir incluso casas. Solo el 2 por ciento de los tornados son violentos.

—No tenía ni idea de que el tiempo pudiera ser tan peligroso —dijo Brisa.

—Eso no es nada. Una vez, mi primo Frank casi se queda atrapado en un huracán.

—¿Un huracán? ¡Ya tengo miedo de preguntar!

—Un huracán se forma en verano o en otoño —explicó Chuck—. Se forma sobre el océano y se desplaza hacia tierra firme.

—¿También genera mucho viento, como un tornado? —preguntó Brisa.

—Sí. Sus vientos fuertes giran alrededor del "ojo" de la tormenta —respondió Chuck—. La tormenta giratoria obtiene energía del calor del océano. Cuando el huracán llega a tierra firme, los vientos fuertes y las lluvias intensas pueden causar daños en los edificios.

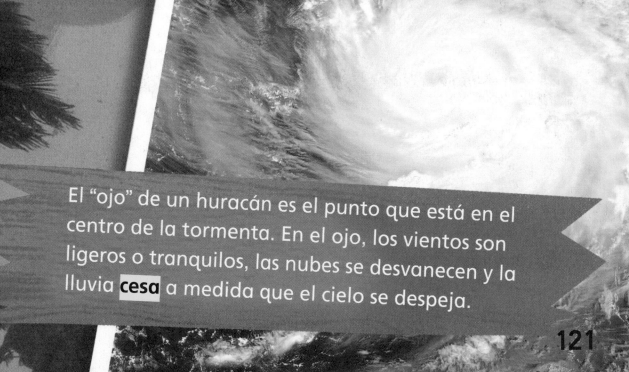

El "ojo" de un huracán es el punto que está en el centro de la tormenta. En el ojo, los vientos son ligeros o tranquilos, las nubes se desvanecen y la lluvia **cesa** a medida que el cielo se despeja.

—¡Vaya! Me asusta que el tiempo pueda ser tan peligroso —dijo Brisa.

—Esa es la cuestión, Brisa —dijo Chuck—. No podemos controlar el tiempo. Pero los meteorólogos pueden avisarnos de cuándo el tiempo va a estar peligroso y, así, podemos estar preparados.

—Oye, Chuck, ¿es esa tu esposa?

—¡Sí, es ella! ¿Dónde estabas, Natasha?

—Regresé para buscar mis lentes de sol. ¡No puedo volar hacia el sur sin ellas!

—Ven con nosotros, Brisa —dijo Chuck.

—¡Me encantaría! —dijo Brisa—. Pero, ¿puedo conseguir yo también unas de esas lentes de sol tan lindas?

Conversación
en parejas

Usa detalles de *El tiempo está loco* para contestar estas preguntas
con un compañero.

1. **Hacer inferencias** ¿Por qué es importante el trabajo de
un meteorólogo?

2. Observa el diagrama de la página 109. ¿Cómo puedes usar
el texto y las ilustraciones para encontrar y entender la
información sobre el ciclo del agua?

3. ¿En qué se parecen un huracán y un tornado? ¿En qué se
diferencian? Usa detalles del texto y las ilustraciones para
explicar tu respuesta.

Sugerencia para la conversación

Habla con claridad cuando compartas tus ideas. No
hables demasiado rápido ni demasiado lento.

Creo que _____.

Escribir una opinión

INDICACIÓN Cuando recomiendas un libro, intentas convencer a alguien de que lo lea. ¿Qué dirías para recomendar *El tiempo está loco*? Piensa en lo que más te gustó del texto y de las ilustraciones.

PLANIFICA Primero, escribe tres razones que darías para convencer a alguien de que lea *El tiempo está loco*.

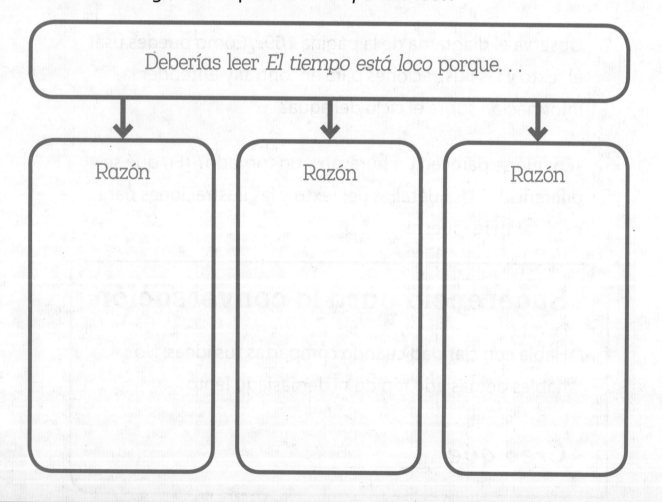

Deberías leer *El tiempo está loco* porque. . .

| Razón | Razón | Razón |

ESCRIBE Ahora, escribe tu opinión. Explica por qué recomendarías *El tiempo está loco*. Recuerda:

- Usa detalles que digan qué aprenderán los lectores con *El tiempo está loco*.
- Usa un lenguaje que haga que a los lectores les den muchas ganas de leer el texto.

_____

_____

_____

_____

_____

_____

_____

_____

_____

Prepárate para leer

ESTUDIO DEL GÉNERO ▶ La **narración de no ficción** presenta datos sobre un tema, pero parece un cuento.

HACER UNA PREDICCIÓN ▶ Da un vistazo a "Al norte en invierno". Dos patos deciden no volar al sur en invierno. ¿Qué crees que sucederá ese invierno?

_____

_____

_____

_____

_____

_____

ESTABLECER UN PROPÓSITO ▶ Lee para descubrir qué aprenden los patos sobre el invierno.

Al norte en invierno

LEE ¿Por qué Hank y Diego se quedaron en el norte? <u>Subraya</u> la oración que lo dice.

En otoño, empieza a hacer frío en el norte. Los patos vuelan al sur, donde está cálido. Todos los patos excepto Hank y Diego.

—Todos los años, las hojas se ponen marrones y los patos se van de la ciudad —dijo Diego—. ¡Este año quiero descubrir cómo es el invierno! Me voy a quedar aquí para ver mi primer invierno.

—¡Yo también! —dijo Hank emocionado— ¡Quiero ver la nieve!

Para leer con atención

Marca las ideas importantes con un *.

VERIFICAR LO QUE ENTENDÍ

¿Por qué los patos vuelan al sur en invierno? ¿Por qué Hank se quiere quedar?

_____

_____

127

LEE ¿Qué hace que se forme hielo en invierno?

En invierno, los días son más cortos y la temperatura más fría que en cualquier otra época del año. El agua se convierte en hielo porque la temperatura cae por debajo del punto de congelación, y también puede caer nieve.

—*Brrr* —dijo Hank—. De verdad hace frío en invierno.

—¿Viste lo que le pasó a nuestro lago? —le preguntó Diego—. El agua se congeló y está muy resbaloso.

Hank y Diego se divirtieron deslizándose en el lago congelado. De repente, cayó un copo de nieve. Y, pronto, caían muchos más.

—¡Al fin! —gritó Hank— ¡Es hora de hacer patitos de nieve!

—¡Hurra! —gritó Diego—. Luego iremos al sur para estar calentitos. Estoy deseando contarles a todos sobre nuestros patitos de nieve.

VERIFICAR LO QUE ENTENDÍ

¿Qué palabra clave te ayuda a averiguar por qué se forma hielo en invierno?

_____

_____

ESCRIBE SOBRE ELLO Escribe una carta de Hank y Diego a sus amigos en el sur para contarles cómo es el invierno y qué aprendieron. Usa detalles del texto en tu carta.

_____

_____

_____

_____

_____

_____

_____

_____

_____

_____

_____

Prepárate para leer

ESTUDIO DEL GÉNERO Los **textos de fantasía** son cuentos con acontecimientos inventados que, en realidad, no podrían suceder. Mientras lees *Nubita*, busca:

- personajes que no existen en la vida real
- una lección que aprende el personaje principal
- problemas y soluciones

ESTABLECER UN PROPÓSITO Mientras lees, **haz conexiones** buscando en qué se parece este texto a lo que ves en tu vida y a otros textos que has leído. Esto te ayudará a comprender y recordar el texto.

PALABRAS PODEROSAS
regular
ventaja
frente
impresionado

Conoce a Tom Lichtenheld.

Nubita

por Tom Lichtenheld

Nubita era una nube.
Una nube muy pequeña.

En general, a Nubita no le importaba ser
más pequeña que una nube regular.

Nubita

Nube regular

De hecho, ser pequeña tenía
muchas ventajas.

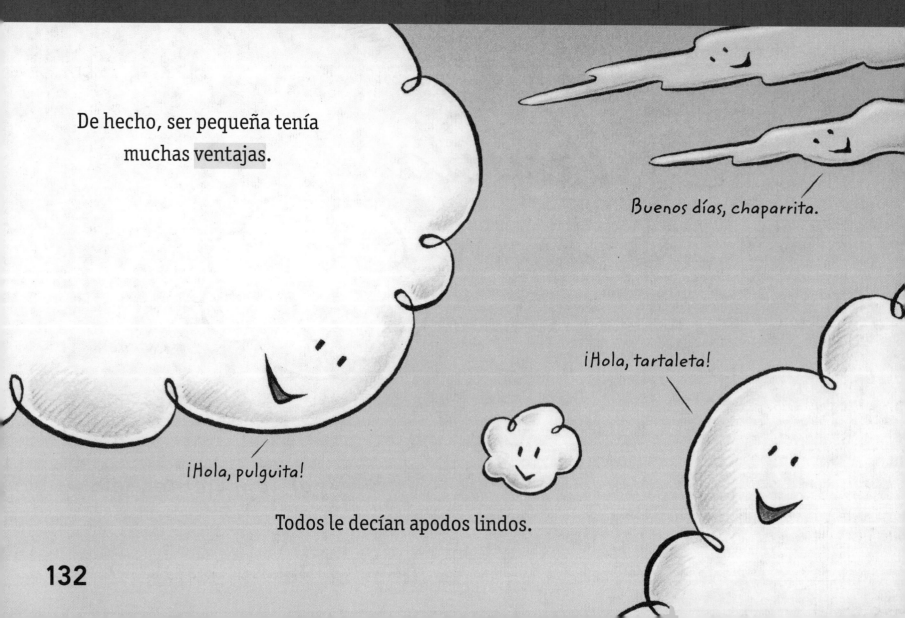

Buenos días, chaparrita.

¡Hola, tartaleta!

¡Hola, pulguita!

Todos le decían apodos lindos.

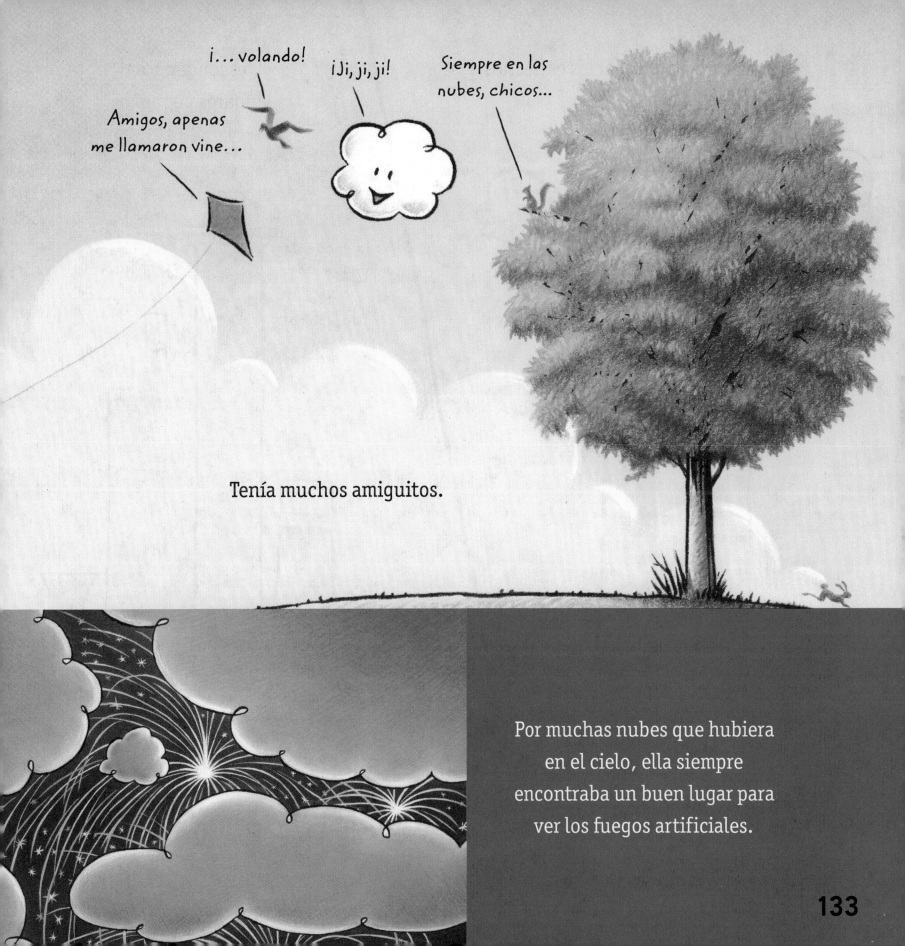

Tenía muchos amiguitos.

Por muchas nubes que hubiera en el cielo, ella siempre encontraba un buen lugar para ver los fuegos artificiales.

133

Podía colarse por espacios estrechos,

esconderse en
lugares pequeños

¡Disculpen!

¡No la encuentro
en ningún lado!

¡Yo
tampoco!

¡Ji, ji, ji!

e incluso tenía un lugarcito muy especial
donde siempre dormía cómoda por las noches.

Pero, de vez en cuando, todas las demás nubes se iban
a hacer algo grande e importante.

Desde lejos, Nubita podía ver cómo sus compañeras hacían toda clase
de cosas importantes propias de las nubes.

Fue así como también ella quiso hacer cosas grandes e importantes.

Quería hacer florecer un jardín.

Quería hacer murmurar
un arroyo.

Quería

hacer

caer

una

cascada.

Y pensó que nada sería más divertido
que regalar a los niños un día
sin escuela.

137

Una noche, Nubita se quedó despierta preguntándose qué podría hacer que fuera grande e importante.

Pensó que tal vez podría trabajar para el departamento de bomberos.

Lo siento, pero acabamos de comprar un camión nuevo.

O quizás podrían necesitar su ayuda en el vivero.

Lo siento, pero estas plantas necesitan TONELADAS de agua.

Pero nadie parecía
necesitar su ayuda.

Lo siento, pero todo lo
hacen las máquinas.

Nubita se sentía muy triste.

Al día siguiente, cayó una gran tormenta en el barrio de Nubita.

El cielo se oscureció, llovió a cántaros y el viento sopló con una fuerza que Nubita nunca antes había visto.

Cuando todo pasó, Nubita se dio cuenta
de que la tormenta la había arrastrado
muy lejos de su barrio.

No conocía a nadie allí.

¡Hola!
¿Qué hay?
¿Qué tal?
¿Cómo estás?

Y nadie parecía tener
ganas de conocerla.

Pero, muy pronto, ya estaba haciendo nuevos amigos y viendo cosas nuevas para ella.

Entonces, oyó algo que nunca antes había oído.

Miró hacia abajo y vio lo que supuestamente era un estanque, aunque, en realidad, solo era un charco de barro.

¿Qué le pasó a tu estanque, ranita?

Se secó y ahora parece más un charco que un estanque.

Esto le dio una idea a Nubita...

Más bien una lluvia de ideas.

Nubita aguantó la respiración
hasta que comenzó a inflarse.

Luego, se puso de un lindo
color gris azulado.

Siguió creciendo hasta
que pareció que estaba a
punto de explotar.

Se sacudió toda hasta que sonó un pequeño rugido. No
fue exactamente lo que uno llamaría un trueno, pero sí
fue lo suficientemente fuerte como para que la gente
supiera que era preferible buscar un paraguas.

Después, hizo lo que siempre había querido hacer.

Descargó

toda

su

agua.

Nubita llovió sobre aquel pequeño charco hasta que creció y se convirtió en un gran charco.

Y siguió lloviendo hasta que ese gran charco

se convirtió en un estanque perfecto.

En cuanto terminó de llover, de todos los rincones salieron ranas que saltaron al estanque.

147

Todas croaron un gran "¡GRACIAS!" al unísono.

¡CROAC!*

Nubita estaba agotada, pero feliz.

*"¡Gracias!" en el idioma de las ranas

Buen trabajo, nubecita.

¡Qué manera de soltar agua!

¡Una precipitación prodigiosa, chaparrita!

¡Qué lluvia tan estupenda!

¡Sabíamos que lo conseguirías!

Viendo que hasta las nubes altas estaban impresionadas,
Nubita pensó:

"Seguro que hay otras cosas grandes e importantes que una nubecita puede hacer".

Y se marchó.

Conversación en parejas

Usa detalles de *Nubita* para contestar estas preguntas con un compañero.

1. **Hacer conexiones** Piensa en una situación en la que no eras lo suficientemente grande para hacer algo que tenías muchas ganas de hacer. ¿Cómo te ayuda eso a entender los sentimientos de Nubita?

2. ¿Qué piensan los otros personajes del cuento sobre Nubita? ¿Qué te dice eso sobre ella? Usa detalles del texto y de las ilustraciones para explicar tu respuesta.

3. ¿Qué aprende Nubita sobre sí misma?

Sugerencia para escuchar

Escucha con atención. Haz conexiones. ¿En qué se parece lo que dice tu compañero a cosas que ya sabes?

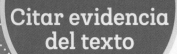

Escribir el capítulo siguiente

INDICACIÓN ¿Qué hará Nubita a continuación? Usa lo que sabes sobre ella para escribir sobre su siguiente aventura. Busca detalles en las palabras y las ilustraciones como ayuda para pensar ideas.

PLANIFICA Primero, haz un dibujo que muestre lo que crees que Nubita hará a continuación. Agrega una leyenda para describir lo que hace.

ESCRIBE Ahora, escribe una nueva aventura para Nubita.
Recuerda:

- Busca detalles en el cuento que den pistas sobre lo que le gusta hacer a Nubita.

- Incluye detalles que describan lo que Nubita ve, piensa y siente.

_____

_____

_____

_____

_____

_____

_____

_____

_____

Prepárate para leer

ESTUDIO DEL GÉNERO Los **textos de fantasía** son cuentos con acontecimientos inventados que, en realidad, no podrían suceder.

HACER UNA PREDICCIÓN Da un vistazo a "¡Está lloviendo a cántaros!". Misty quiere jugar bajo la lluvia. Sabes que la mayoría de los cuentos incluyen un problema. ¿Qué problema crees que tendrá Misty?

_____

_____

_____

_____

ESTABLECER UN PROPÓSITO Lee para descubrir cómo fue el día de lluvia de Misty y para averiguar si tu predicción es correcta. Si no lo es, usa lo que sabes sobre la estructura del cuento para hacer una nueva predicción.

¡Está lloviendo a cántaros!

LEE ¿El narrador es un personaje del cuento? ¿Cómo lo sabes?

Una mañana lluviosa, Misty le llevó la correa a su dueña, Annie. Misty era una cachorrita, y le encantaba chapotear en los charcos. Movió la cola y ladró contenta para que Annie supiera que era hora de salir. Annie sonrió.

—No podemos salir todavía, Misty —dijo Annie señalando la ventana—. ¡Está lloviendo a cántaros!

Sorprendida, Misty corrió a la ventana y miró con impaciencia. Nunca había visto cántaros, o vasijas de barro, cayendo del cielo. ¡Sonaba asombroso! Pero, para su sorpresa, solo vio un día lluvioso como cualquier otro. Vio cómo caían las gotas de lluvia y se preguntó dónde estaban los cántaros. ▶

Para leer con atención

<u>Subraya</u> el problema.

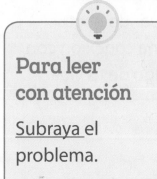

155

Más tarde, el cielo se despejó y salió el sol. Por fin, Annie saco a pasear a Misty. Incluso fueron al parque para perros, el lugar favorito de Misty para encontrarse con sus amigos. En el parque, Misty se encontró con Dash, el perro del vecino.

Dash era más viejo y más sabio, así que Misty le preguntó:

—¿Por qué Annie dijo que estaba lloviendo a cántaros? No se veía ningún cántaro. ¿De qué estaba hablando?

Dash se rio y le explicó:

—Es algo que a los humanos les gusta decir. Quiere decir que llueve mucho y no quieren salir a pasear. No tiene sentido, pero hay que tener paciencia con nuestros humanos. A veces son muy tontos.

VERIFICAR LO QUE ENTENDÍ

¿Qué significa "Está lloviendo a cántaros"?

_____

_____

_____

ESCRIBE SOBRE ELLO Escribe una entrada de diario
para describir el día desde el punto de vista de Misty.
Asegúrate de contar los acontecimientos en orden.

_____

_____

_____

_____

_____

_____

_____

_____

_____

_____

_____

_____

Prepárate para leer

ESTUDIO DEL GÉNERO Los **textos informativos** son un tipo de no ficción. Presentan datos sobre un tema. Mientras lees *Prepárate para disfrutar del tiempo*, busca:

- leyendas o pies de foto con ilustraciones o fotografías
- encabezados, subtítulos o palabras en negrita que se destacan
- cómo los elementos visuales y las palabras te ayudan a entender el texto

ESTABLECER UN PROPÓSITO Mientras lees, piensa cuidadosamente en las palabras de la autora. Luego **evalúa**, o decide, cuáles son los detalles más importantes que te ayudan a comprender el texto.

PALABRAS PODEROSAS
ráfaga
resplandor
provisión
capa

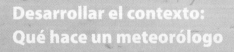

**Desarrollar el contexto:
Qué hace un meteorólogo**

PREPÁRATE PARA PARA DISFRUTAR DEL TIEMPO

por Lucy Jones

¿Qué es el tiempo?

Mira por la ventana. ¿Cómo está el tiempo hoy? Puede que esté soleado o nublado, lluvioso o nevando. Una de las cosas buenas del tiempo es que cambia continuamente. La temperatura puede ser cálida o fría. El viento puede presentarse en forma de ráfagas fuertes o de una suave brisa. Puede ser que hoy llueva y esté fresco, pero quizá mañana esté soleado y haga calor.

LUNES

30°

MÁX 42°
MÍN 23°

PARCIALMENTE NUBLADO

MA	MI	JU	VI
38°	31°	32°	37°

Los meteorólogos informan sobre el estado del tiempo.

La gente suele consultar el pronóstico del tiempo para planificarse el día. Así saben si lloverá o estará soleado, si hará frío o calor. Saber cómo estará el tiempo les ayuda a decidir qué hacer y qué ropa usar cada día. Si se acerca una gran tormenta, el pronóstico del tiempo explicará qué puede suceder y cómo debemos prepararnos.

El pronóstico de hoy: Tormentas eléctricas

Las tormentas eléctricas son tormentas con lluvia, truenos y rayos. Los rayos pueden ser muy peligrosos. Pueden caer en árboles y postes telefónicos. El resplandor de un rayo puede verse desde muy lejos. ¡A veces, pueden verse incluso a 100 millas de distancia!

Las tormentas eléctricas son más comunes en primavera y en verano.

162

Si oyes el estruendo de un trueno, lo mejor es <u>ponerse a cubierto enseguida</u>. Permanecer bajo techo es lo mejor que puedes hacer durante una tormenta eléctrica. Si estás al aire libre, mantente agachado o tumbado en el suelo. Además, asegúrate de no estar cerca de un árbol.

¡Prueba esto!

Es posible calcular a qué distancia cae un rayo. Si ves un relámpago, cuenta cuántos segundos pasan desde que lo ves hasta que oyes el trueno. Cada 5 segundos equivalen a una milla de distancia.

El pronóstico de hoy: Ventisca

Las ventiscas son tormentas que suceden en invierno. Traen consigo mucha nieve y vientos fuertes. Durante una ventisca resulta muy difícil ver. A veces, también es difícil caminar debido al viento y a la profundidad de la nieve.

Compras para la nieve

Antes de una ventisca, las tiendas se llenan de gente. Todos van a comprar baterías y linternas, por si se corta la luz. También compran una buena cantidad de comida y agua. Una forma de prepararse para una ventisca es conseguir las **provisiones** adecuadas.

Después de una nevada, ¡hay MUCHO que palear! Los quitanieves trabajan día y noche para limpiar las carreteras. Los vecinos se ayudan unos a otros a retirar la nieve de las aceras y de las entradas a las casas. Es posible que se suspendan las clases en las escuelas por unos días. Los niños pueden salir a jugar con sus trineos o a hacer muñecos de nieve, ¡pero primero deben abrigarse bien! Para mantenerse calentitos cuando hace tanto frío, lo mejor es ponerse más de una capa de ropa.

El pronóstico de hoy: Tormenta de arena

Una tormenta de arena ocurre cuando un viento fuerte levanta la arena. La arena que flota en el aire forma nubes. Cuando el viento es muy fuerte, ¡las nubes de arena pueden alcanzar hasta 50 pies de altura! El viento puede arrastrar la arena por varias millas. Las tormentas de arena suelen ocurrir en zonas secas y calurosas.

Las tormentas de arena pueden formarse con gran rapidez.

Durante una tormenta de arena, lo mejor es permanecer bajo techo con las ventanas cerradas.

Es peligroso estar al aire libre durante una tormenta de arena. Imagina estar dentro de una nube de arena que gira como un remolino. Te sería <u>muy difícil</u> ver. La arena se te podría meter en los ojos, la nariz, las orejas y la boca. Una forma de protegerte es cubrirte la cara con un trapo y ponerte gafas. Otra forma de mantenerte a salvo es encontrar un refugio y quedarte allí hasta que pase la tormenta.

Los meteorólogos utilizan instrumentos especiales que los ayudan a predecir cuándo y dónde habrá una tormenta. Si sabes que se acerca una tormenta, puedes prepararte mejor. Las tormentas pueden ser peligrosas, pero también hermosas. ¡Mantente a salvo y disfruta del tiempo dondequiera que vivas!

A veces, después de una tormenta aparece el arcoíris.

Mantén tus mascotas a salvo

Cuando azota una tormenta muy fuerte, las mascotas también necesitan estar protegidas. Asegúrate de que tus mascotas estén adentro contigo, ¡seguras y calentitas!

Conversación en parejas

Usa detalles de *Prepárate para disfrutar del tiempo* para contestar estas preguntas con un compañero.

1. Evaluar ¿Qué detalles de *Prepárate para disfrutar del tiempo* te ayudan a entender cómo prepararse para una ventisca?

2. Mira las páginas 162 y 163. ¿Cuál es la idea principal de esta sección? ¿Qué detalles explican más sobre la idea?

3. Compara *Prepárate para disfrutar del tiempo* y *El tiempo está loco*. ¿En qué se parecen estos textos? ¿Cuáles son las diferencias más importantes?

Sugerencia para la conversación

Completa la oración para agregar algo a lo que dice tu compañero.

Mi idea es _____.

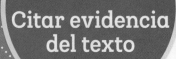

Escribir consejos de seguridad

INDICACIÓN ¿Qué puedes hacer para mantenerte a salvo en distintos estados del tiempo? Usa detalles de las palabras y de las ilustraciones de *Prepárate para disfrutar del tiempo* para explicar tus ideas.

PLANIFICA Primero, haz una lista con algunas formas de mantenerse a salvo durante las tormentas eléctricas, las ventiscas y las tormentas de arena.

Tormenta eléctrica	Ventisca	Tormenta de arena

ESCRIBE Ahora, escribe cinco consejos de seguridad que ayuden a que las personas y las mascotas se mantengan a salvo en diferentes estados del tiempo. Recuerda:

- Usa verbos que les digan a las personas exactamente qué hacer.
- Numera tus consejos de seguridad.

_____

_____

_____

_____

_____

_____

_____

_____

_____

_____

Prepárate para leer

ESTUDIO DEL GÉNERO Los **textos informativos** son un tipo de no ficción. Presentan datos sobre un tema.

HACER UNA PREDICCIÓN Da un vistazo a "Protégete". Lee el título y los encabezados. ¿Sobre qué crees que tratará el texto?

_____

_____

_____

_____

_____

ESTABLECER UN PROPÓSITO Lee para aprender datos y para descubrir si tu predicción es correcta. Si no lo es, piensa en lo que leíste en el texto y lo que te indican el título y los encabezados. Luego, haz una nueva predicción.

Protégete

LEE ¿Cómo te ayuda la ilustración a entender el texto?

Hay muchas maneras de disfrutar los diferentes estados del tiempo, pero es importante estar preparados antes de salir.

Vestimenta

Cuando hace frío, debes usar abrigo, gorro, guantes, orejeras y bufanda para mantenerte calentito. Si hace mucho calor, debes ponerte ropa liviana, como pantalones cortos y camisetas. Si llueve, ponte un impermeable y botas de lluvia para mantenerte seco. ▶

Para leer con atención

Subraya la idea principal.

VERIFICAR LO QUE ENTENDÍ

¿De qué dos maneras la vestimenta te protege del estado del tiempo?

_____

_____

LEE ¿Qué detalles de seguridad son importantes para cuando hace calor? <u>Subráyalos.</u>

Sigue los consejos de seguridad

En los días soleados, el protector solar y las gafas de sol protegen la piel y los ojos. Puede haber días soleados cuando hace frío o cuando hace calor. Es importante tomar mucha agua cuando hace calor, ya que tu cuerpo pierde agua. Mantener todo tu cuerpo cubierto cuando hace mucho frío te protege la piel.

Conocer el pronóstico del tiempo también te mantiene seguro. No salgas cuando se aproxime una tormenta. No pases demasiado tiempo afuera cuando haga mucho calor o mucho frío. ¡Disfruta al aire libre pero con seguridad!

VERIFICAR LO QUE ENTENDÍ

¿Cómo te ayudan los encabezados a entender lo que lees?

_____

_____

_____

ESCRIBE SOBRE ELLO Elige un estado del tiempo y
escribe un párrafo para explicar cómo protegerse en ese
estado del tiempo. Incluye la información que aprendiste
del texto.

_____

_____

_____

_____

_____

_____

_____

_____

_____

_____

_____

Prepárate para leer

ESTUDIO DEL GÉNERO La **poesía** usa imágenes, sonidos y ritmos para expresar sentimientos. Mientras lees los poemas de *Tiempo al tiempo*, busca:

- palabras que apelan a los sentidos
- palabras que te hacen pensar en imágenes vívidas
- patrones de sonidos, palabras o líneas
- palabras que se repiten

ESTABLECER UN PROPÓSITO **Haz preguntas** antes, durante y después de leer que te ayuden a encontrar información o comprender el texto. Busca evidencia en el texto y en las imágenes para **contestar** tus preguntas.

PALABRAS PODEROSAS

chorro

convertir

elevarse

poza

brillar

espléndido

deslizarse

surcar

Desarrollar el contexto:
El estado del tiempo y los sentimientos

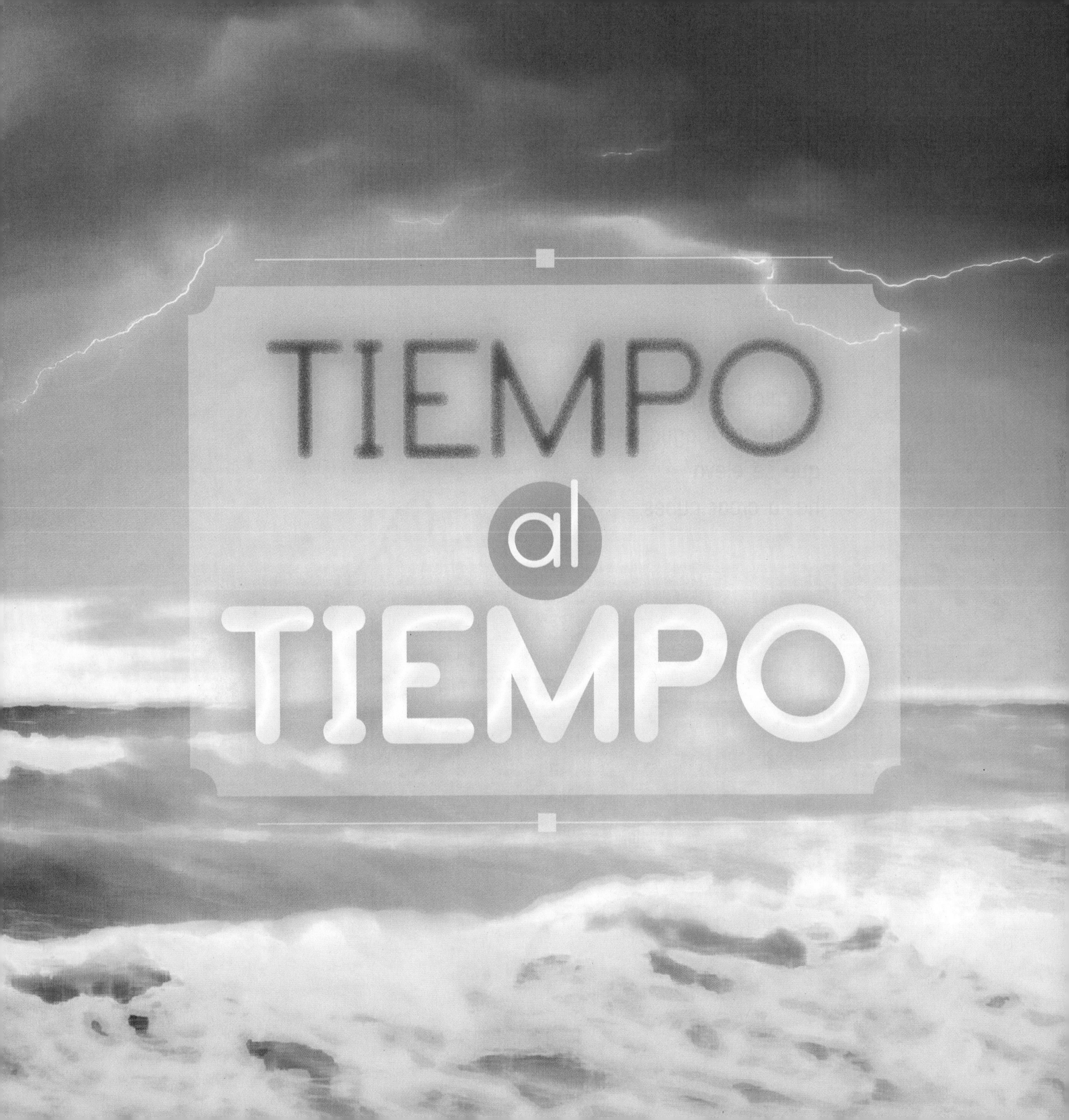

TIEMPO al TIEMPO

EL COLOR DEL AGUA

por Alma Flor Ada

¿Tiene color el agua?
El chorro
que brota en la cocina
parece
no tener color.

El calor de un día de verano
convierte al agua en fino vapor
que se eleva
hasta crear nubes.

En una nube suave
el agua
parece ser blanca, muy blanca...

pero si se empieza a formar una tormenta
el agua en las nubes
muestra todos los tonos de gris.

El agua
puede incluso volverse de color negro amenazador.

Cuando la lluvia deja de caer,
en los senderos del campo
y en los parques de las ciudades
se forman charcos que parecen espejos.
La lluvia convierte al polvo
en suave fango
para que los piececitos lo disfruten.

El agua,
mezclada con el lodo del fondo de un río caudaloso,
se vuelve marrón.

En las pozas formadas por los géiseres
del Parque Nacional de Yellowstone
el agua
coloreada por algas y azufre
se ve amarilla, anaranjada, verde y hasta morada.

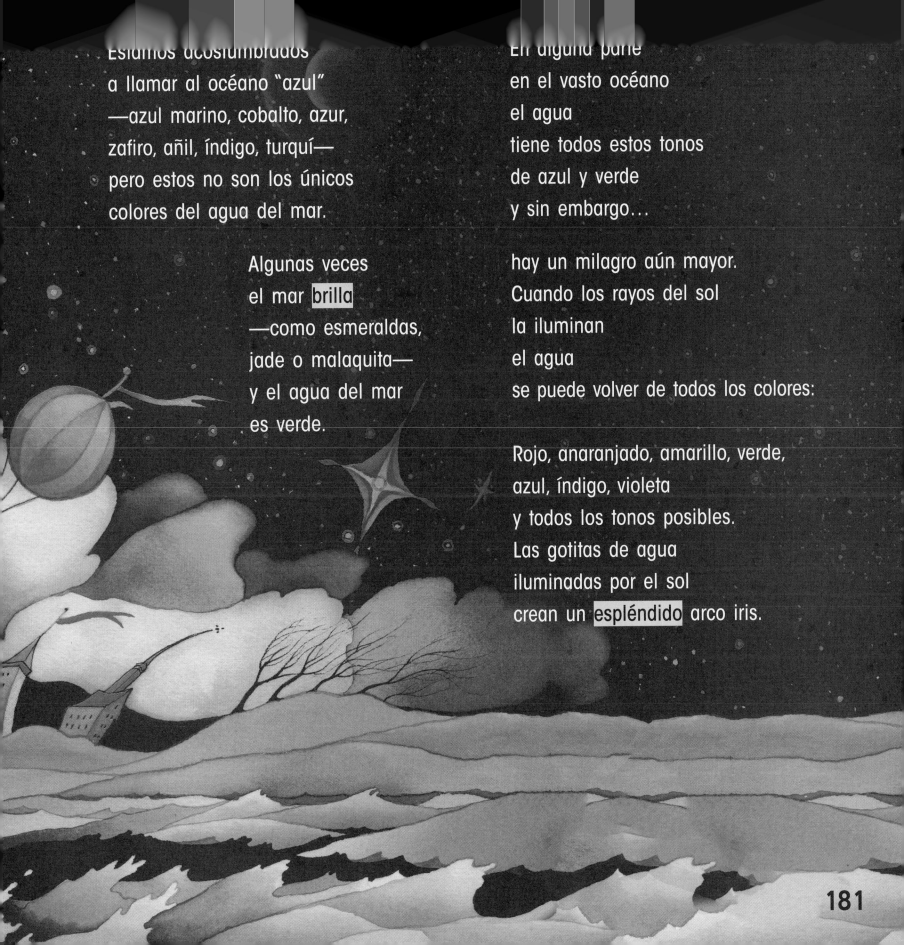

Estamos acostumbrados
a llamar al océano "azul"
—azul marino, cobalto, azur,
zafiro, añil, índigo, turquí—
pero estos no son los únicos
colores del agua del mar.

Algunas veces
el mar brilla
—como esmeraldas,
jade o malaquita—
y el agua del mar
es verde.

En alguna parte
en el vasto océano
el agua
tiene todos estos tonos
de azul y verde
y sin embargo…

hay un milagro aún mayor.
Cuando los rayos del sol
la iluminan
el agua
se puede volver de todos los colores:

Rojo, anaranjado, amarillo, verde,
azul, índigo, violeta
y todos los tonos posibles.
Las gotitas de agua
iluminadas por el sol
crean un espléndido arco iris.

DRAGONES DE NUBES

por Pat Mora

¿Qué ves en las nubes,
con blancos reflejos?
¿Qué ves en el cielo a lo lejos?

¡Ay! Veo dragones
con grandes colas
deslizándose en lo inmenso.

¿Qué ves en las nubes,
con blancos reflejos?
Dime, dime qué ves.

¡Ay! Veo caballitos
alcanzando el viento,
surcando el azul a todo correr.

182

Usa detalles de *Tiempo al tiempo* para contestar estas preguntas con un compañero.

1. **Hacer y contestar preguntas** ¿Qué preguntas te hiciste mientras leías los poemas para encontrar información nueva? ¿Y para aprender más sobre el significado de los poemas?

2. Encuentra una pregunta repetida en "Dragones de nubes". ¿Por qué la autora repite esta pregunta? ¿Qué quiere transmitir a los lectores?

3. Compara el ambiente de "Dragones de nubes" con el de "El color del agua". ¿Cómo te hace sentir cada poema?

Sugerencia para escuchar

Escucha con atención. Piensa qué significa lo que dice tu compañero.

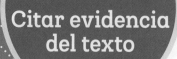

Escribir un poema sobre el estado del tiempo

INDICACIÓN ¿Qué poema te gustó más? Elige una línea, una frase o tan solo una palabra de ese poema. Úsala para escribir tu propio poema sobre un estado del tiempo.

PLANIFICA Primero, escribe las palabras del poema que hayas elegido en una columna de la tabla. Luego, piensa en otras palabras que describan ese estado del tiempo. Escríbelas en la otra columna de la tabla.

Palabras del poema	Mis palabras

ESCRIBE Ahora, usa tus palabras y las palabras del poema para escribir otro poema sobre un estado del tiempo. Recuerda:

- Piensa cómo suenan juntas las palabras de tu poema.

- Usa palabras que ayuden a los lectores a imaginar ese estado del tiempo.

_____

_____

_____

_____

_____

_____

_____

_____

_____

Prepárate para leer

ESTUDIO DEL GÉNERO La **poesía** usa imágenes, sonidos y ritmos para expresar sentimientos.

HACER UNA PREDICCIÓN Da un vistazo a "Maravillas del tiempo". Piensa en las características de la poesía. ¿Sobre qué crees que leerás en estos poemas?

_____

_____

_____

_____

_____

ESTABLECER UN PROPÓSITO Lee para descubrir cómo los poemas usan imágenes, sonidos y ritmos y para comprobar si tu predicción es correcta. Si no lo es, usa lo que sabes sobre la poesía para hacer una nueva predicción.

Maravillas del tiempo

LEE Encierra en un círculo las palabras que se repiten. ¿Por qué el poeta usa la repetición?

Viento

Deja al viento soplar. *¡Ffffff!*

Sin cesar

mi cometa haré volar.

Deja al viento soplar. *¡Uuuuuh!*

Voy a ver

las hojas del arce caer.

Deja al viento soplar. *¡Sssss!*

Muy ligero

¡el viento se llevó mi sombrero!

Para leer con atención

Subraya las palabras que riman.

LEE ¿De qué trata el poema principalmente? <u>Subraya</u> las pistas que lo indican.

Sol de primavera

El sol brillante no me deja ver.

Me calienta la piel, derrite la nieve

y abre las flores.

VERIFICAR LO QUE ENTENDÍ

¿Qué palabras usa el poeta para describir el sol?

_____

_____

_____

_____

_____

Citar evidencia del texto

ESCRIBE SOBRE ELLO ¿Qué poema te gusta más? Usa detalles del texto para explicar por qué.

Prepárate para ver un video

ESTUDIO DEL GÉNERO ▶ Los **videos** son películas breves que te dan información o te ofrecen algo para que veas y disfrutes. Mientras ves *Las estaciones*, observa:

- cómo se relacionan las imágenes, los sonidos y las palabras
- qué información se da sobre el tema
- el propósito del video

ESTABLECER UN PROPÓSITO ▶ Pregúntate qué sucede y por qué para encontrar conexiones de **causa y efecto** en el video. Una causa es algo que hace que suceda otra cosa. Un efecto es lo que sucede debido a la causa.

Desarrollar el contexto: Las estaciones

LAS ESTACIONES

DE KIDLOOM

Mientras ven el video ¿Sobre qué trata el video? Observa lo que sucede en cada estación. Usa las palabras y las imágenes para entender por qué los niños cambian de vestimenta en cada estación. ¿Cómo es el clima de cada estación? ¿Qué ropa visten los niños para salir a jugar?

Usa detalles de *Las estaciones* para contestar estas preguntas con un compañero.

1. **Causa y efecto** ¿Cuál es la causa de que la niña use impermeable y paraguas? ¿Cuál es el efecto?

2. ¿Dónde están los niños en verano? ¿Qué ropa usan?

3. ¿Cuáles son las cuatro estaciones? ¿De qué manera el video te ayuda a aprender más sobre las estaciones?

Sugerencia para la conversación

Agrega tu propia idea a lo que dice tu compañero. Asegúrate de usar un lenguaje amable.

Me gusta tu idea. Mi idea es _____.

¡Hora de concluir!

(?) **Pregunta esencial**

¿Cómo nos afecta el estado del tiempo?

....

Elige una de estas actividades para mostrar lo que aprendiste sobre el tema.

1. Mi estado del tiempo preferido

¿Cuál es el estado del tiempo que prefieres? Escribe tu opinión. Usa detalles de los textos y de tus propias experiencias para explicar lo que te gusta de ese estado del tiempo. Haz un dibujo que acompañe tu escritura.

2. Informar sobre el estado del tiempo

¡Sé un meteorólogo de la televisión! Elige un estado del tiempo sobre el cual quieras informar. Usa detalles de los textos para describir lo que ves, oyes y sientes. Usa tu voz y tu cuerpo para mostrar cómo es informar con ese estado del tiempo.

Desafío de palabras

¿Puedes usar la palabra precipitación en tu informe sobre el estado del tiempo?

Mis notas

Glosario

A

adherirse Cuando algo se adhiere a otra cosa, se pega a ella.   El cabello de Jane **se adhiere** al globo.

admirar Admirar a una persona es apreciarla y respetarla.   **Admiro** a mi amigo por la manera cómo ayuda a los demás.

arduo Si algo es arduo, es difícil o trabajoso.   Fue una decisión muy **ardua**, pero al final decidimos adoptar a los dos gatitos.

artilugio Un artilugio es un objeto que parece extraño y difícil de usar.   Jim creó un **artilugio** volador asombroso.

asegurar Si una persona aseguró algo, prometió que eso sucedería.   El maestro nos **aseguró** que el autobús estaba por llegar.

asomarse Si una persona se asomó, mostró parte del cuerpo o se estiró para ver algo.   Lonnie **se asomó** a mirar por la lente del microscopio.

ayuntamiento Un ayuntamiento es un grupo de personas que son elegidas para gobernar una ciudad.   Los miembros del **ayuntamiento** trabajan juntos para tomar decisiones importantes.

B

brillar Cuando una cosa brilla, emite o refleja luz y su color se ve intenso.   El agua del lago **brilla** cuando la ilumina el sol.

C

caballete Un caballete es un soporte en el que se apoya un cuadro.   El pintor tenía varios **caballetes** para sostener sus cuadros.

capa Si tienes más de una capa de ropa, usas varias prendas una encima de otra para mantenerte abrigado.   Cuando hace mucho calor en verano, basta con llevar una **capa** de ropa liviana.

capital La capital es la ciudad donde el gobierno se reúne para crear las leyes. El edificio gubernamental está en la **capital**.

cargo Cuando tú estás a cargo, las demás personas siguen tus instrucciones. ¿Quién está a **cargo** de este grupo de trabajo?

cesar Cuando algo cesa, se termina o se detiene. Salí a pasear cuando **cesó** la tormenta.

chorro Un chorro es líquido que sale por un tubo estrecho, como un grifo. Cuando abrí el tubo de pintura, salió un **chorro** que manchó el piso.

clima El clima es el estado del tiempo habitual en un lugar. Algunas frutas crecen mejor en los **climas** cálidos.

concentrado Una persona que está concentrada está prestando mucha atención a lo que hace. El gato miraba al pájaro muy **concentrado**.

consejo Cuando le das consejos a una persona, le dices lo que tú harías. Mi padre siempre me da buenos **consejos**.

convertir Si una cosa se convierte en otra, cambia y pasa a ser algo distinto. Hizo tanto frío anoche que el agua de esta charca se **convirtió** en hielo.

copia Una copia es una cosa que imita a otra. Cada galleta era una **copia** de la otra.

coser Coser es unir con hilo dos pedazos de tela. Mi papá me **cosió** los pantalones que se me rompieron jugando al fútbol.

cotidiano Los quehaceres cotidianos son las tareas que deben hacerse todos los días en la casa. Uno de nuestros quehaceres **cotidianos** es recoger la mesa después de comer.

D

deslizarse Si hay algo deslizándose, esa cosa se está moviendo rápidamente y sin dificultad. Vimos una serpiente que **se deslizaba** por la hierba y se escondió entre unas piedras.

E

elevarse Cuando algo se eleva, sube a mayor altura. El globo se me soltó de la mano y **se elevó** rápidamente en el aire.

embudo Un embudo tiene un círculo ancho en la parte de arriba y un tubo corto y estrecho en la parte de abajo. Vertió la mezcla dentro de una botella usando un **embudo**.

empinado Las calles empinadas tienen mucha pendiente. Le costó gran esfuerzo subir por la montaña **empinada**.

espléndido Algo espléndido es magnífico o muy lindo. La fiesta de disfraces de Jenny estuvo **espléndida**.

estado Un estado es un área que forma parte de un país y que tiene su propio gobierno. Durante nuestras vacaciones visitaremos el **estado** de Florida.

exactamente Cuando dos cosas son exactamente iguales, son idénticas en todos los aspectos. Mi hermano gemelo y yo no nos vemos **exactamente** iguales.

exposición Una exposición es un evento en el que se muestran los cuadros o las obras de un artista. Ayer fuimos a ver la nueva **exposición** de cuadros del museo.

F

frente Un frente frío es donde el aire frío se encuentra con el aire caliente. Un **frente** frío provocará nevadas este fin de semana.

G

ganarse Si una persona se ganó algo, lo consiguió después de trabajar por ello.   **Nos ganamos** mucho dinero vendiendo las galletas que hicimos.

H

habitante Los habitantes de un lugar son las personas que viven allí.   Todos los **habitantes** del pueblo festejaron el triunfo del equipo local.

I

impresionado Si las personas están impresionadas por algo, esa cosa les gusta mucho.   La hermosa voz de la cantante dejó al público muy **impresionado**.

inspirar Cuando alguien te inspira, te da ideas nuevas.   Quiero **inspirar** a los niños para que sean buenos compañeros y buenos amigos.

L

ley Las leyes son reglas o normas que todos deben cumplir.   Nuestro país tiene **leyes** que facilitan la convivencia con los demás ciudadanos.

M

miembro Los miembros de un grupo son las personas que pertenecen a él.   Los **miembros** del gobierno le dieron la bienvenida al nuevo senador.

O

ocurrir Si es probable que ocurran algunas cosas, es probable que pasen o sucedan.   Tengo el presentimiento de que algo inesperado **ocurrirá** hoy.

P

pionero Cuando eres un pionero, eres la primera persona en hacer algo.   Los primeros astronautas fueron **pioneros** en viajar al espacio.

política La política es el trabajo que hacen las personas en el gobierno.   Ayudar a las personas de su comunidad era su parte favorita de la **política**.

poza Las pozas son lugares donde el agua está detenida.   Con la lluvia, se habían formado **pozas** por todas partes.

precipitación La precipitación es agua que cae del cielo, como la lluvia, el aguanieve, el granizo o la nieve.   El pronóstico del tiempo muestra grandes probabilidades de **precipitación**.

preciso Las cosas precisas son exactas y correctas.   Nos dio instrucciones **precisas** para llegar al parque.

predecir Cuando las personas predicen algo, dicen qué sucederá antes de que pase. **Predigo** que mañana será un día soleado.

provisión Las provisiones son las cosas que las personas necesitan en una situación.   En el sótano tenemos **provisiones** suficientes para casos de emergencia.

R

ráfaga Las ráfagas son rachas de viento fuertes y breves.   Las **ráfagas** de viento eran tan fuertes que no podíamos ni caminar.

regular Algo que es regular es normal o habitual.   Mi gato es más inteligente que las mascotas **regulares**.

resolver Cuando las personas resuelven un problema, encuentran una solución. Tenemos que **resolver** este problema matemático para hallar la medida correcta de cuerda que necesitamos.

resplandor Un resplandor es una luz muy clara que se ve de repente.   El **resplandor** del rayo nos agarró por sorpresa a todos.

responder Si una persona respondió, contestó a la pregunta de otra persona. No sé cómo **responder** a lo que me preguntas.

S

sendero Un sendero es un camino o una senda. Fuimos por el **sendero** más corto para llegar a la cabaña antes de que anocheciera.

surcar Si algo está surcando el cielo, esa cosa se está moviendo de un lado a otro del cielo. El helicóptero que transportaba al montañero herido **surcó** el cielo con rapidez.

T

temperatura La temperatura es qué tan caliente o frío está un lugar o una cosa. ¿Cómo está la **temperatura** hoy?

V

valle Un valle es una llanura entre montes. La cabaña se encontraba en medio del **valle**.

ventaja Las ventajas son cosas positivas que te ayudan. Tener un hermano mayor tiene muchas **ventajas**.

Índice de títulos y autores

Reconocimientos

"Cloud Dragons" from *Confetti: Poems for Children* by Pat Mora. Text copyright © 1996 by Pat Mora. Translated and reprinted by permission of Lee & Low Books Inc.

Cloudette by Tom Lichtenheld. Copyright © 2011 by Tom Lichtenheld. Translated and reprinted by arrangement with Henry Holt Books for Young Readers. CAUTION: Users are warned that this work is protected under copyright laws and downloading is strictly prohibited. The right to reproduce or transfer the work via any medium must be secured with Henry Holt and Company.

"El color del agua" by Alma Flor Ada, illustrated by Neil Waldman. Text copyright (c) by Alma Flor Ada. Illustrations copyright © 2017 by Neil Waldman. Reprinted by permission of Alma Flor Ada and Neil Waldman.

"Frida Kahlo" from *Puertas al sol/Biografía D: Caminos* by Alma Flor Ada & F. Isabel Campoy, illustrated by Felipe Dávalos. Text copyright © 2000 by Alma Flor Ada & F. Isabel Campoy. Reprinted by permission of Santillana USA Publishing Company, Inc.

Going Places by Peter and Paul Reynolds. Text copyright © 2014 by Peter H. Reynolds and Paul A. Reynolds. Illustrations copyright © 2014 by Peter H. Reynolds. Translated and reprinted by permission of Atheneum Books For Young Readers, an Imprint of Simon & Schuster Children's Publishing Division, and Pippin Properties, Inc.

Excerpt from *Who Are Government's Leaders?* by Jennifer Boothroyd. Text copyright © 2016 by Lerner Publishing Group, Inc. Translated and reprinted by permission of Lerner Publications Company, a division of Lerner Publishing Group, Inc.

Wild Weather by Thomas Kingsley Troupe, illustrated by Jamey Christoph. Copyright © 2014 by Picture Window Books, a Capstone imprint. Translated and reprinted by permission of Capstone Press Publishers.

Créditos de fotografía

4 (t) (fg) ©paulaphoto/Shutterstock, (bg) ©raindrop74/Shutterstock; 4 (b) ©Jerry Cooke/Sports Illustrated/Getty Images; 5 (c) Courtesy Barack Obama Presidential Library; 5 (b) ©popular business/Shutterstock; 5 (b) ©Jib Jab Bros. Studios; 5 (tl) (bg) ©tsyhun/Shutterstock, (tl) (r) ©Everett Collection Inc/Alamy, (tl) (l) ©C. M. Battey/Kean Collection/Getty Images; 5 (bl) ©Jib Jab Bros. Studios; 7 (t) ©tawatchaiprakobkit/iStockphoto/Getty Images; 7 (b) ©Mariyana M/Shutterstock; 7 (b) ©Dudarev Mikhail/Shutterstock; 8 (bg) ©Imgorthand/E+/Getty Images; 8 (c) ©Inti St. Clair/Blend Images/Getty Images; 12 (b) ©paulaphoto/Shutterstock; 12 (t) ©Miss Felix/Shutterstock; 12 (l) ©raindrop74/Shutterstock; 12 (r) ©raindrop74/Shutterstock; 12 (fg) ©paulaphoto/Shutterstock, (bg) ©raindrop74/Shutterstock; 13 (tr) ©Daniel Barry/WireImage/Getty Images; 13 (cr) ©Ana Elisa Fuentes/AP Images; 13 (tl) ©Miss Felix/Shutterstock; 13 (b) ©raindrop74/Shutterstock; 14 Photo by Ned Roberts. Art by Peter H. Reynolds. Used with the permission of Pippin Properties.; 40 ©Jerry Cooke/Sports Illustrated/Getty Images; 40 (bl) ©sirtravelalot/Shutterstock; 42 ©pdesign/Shutterstock; 43 (l) Library of Congress, Prints & Photographs Division, FSA/OWI Collection, [LC-USE6-D-009282 (b&w film nitrate neg.)]; 43 (r) ©Historical/Corbis Historical/Getty Images; 44 ©Tennessee State University; 45 (l) ©Tennessee State University; 45 (r) ©Houghton Mifflin Harcourt; 46 (b) ©Tennessee State University; 46 (l) ©Tennessee State University; 46 (tr) ©Three Lions/Hulton Archive/Getty Images; 47 (b) ©Popperfoto/Getty Images; 47 (l) ©WILLLAM J SMITH/AP Images; 47 (r) ©GEORGE SILK/The LIFE Picture Collection/Getty Images; 48 (l) ©AP Images; 48 (r) ©AP Images; 49 ©Images-USA/Alamy; 51 (tr) ©Jerry Cooke/Sports Illustrated/Getty Images; 53 (tr) ©Jerry Cooke/Sports Illustrated/Getty Images; 54 ©Nina Osintseva/Shutterstock; 55 (t) ©Houghton Mifflin Harcourt; 56 ©Domenec/iStockPhoto.com; 58 (b) ©Yurlick/Shutterstock; 58 (t) ©Herbert Orth/Time & Life Pictures/Getty Images; 59 (b) ©tsyhun/Shutterstock, (r) ©Everett Collection Inc/Alamy, (l) ©C. M. Battey/Kean Collection/Getty Images; 60 (cr) ©STILLFX/Shutterstock; 60 (t) ©Monkey Business Images/Shutterstock; 60 (cl) ©Everett Historical/Shutterstock; 60 (b) ©Everett - Art/Shutterstock; 60 (bg) ©tsyhun/Shutterstock; 61 (l) ©The Patriot Ledger; 61 (r) ©Herbert Orth/Time & Life Pictures/Getty Images; 61 (bg) ©tsyhun/Shutterstock; 62 (l) ©Everett - Art/Shutterstock; 62 (r) ©Monkey Business Images/Shutterstock; 62 (bg) ©tsyhun/Shutterstock; 63 ©Randy Duchaine/Alamy; 63 (bg) ©tsyhun/Shutterstock; 64 (t) ©Monkey Business Images/Shutterstock; 64 (bl) ©Photo Researchers, Inc/Alamy; 64 (br) ©STILLFX/Shutterstock; 64 (bg) ©tsyhun/Shutterstock; 65 (l) ©Photo Researchers, Inc/Alamy; 65 (r) ©jorgeantonio/iStock/Getty Images Plus; 65 (bg) ©tsyhun/Shutterstock; 66 (l) ©George Rinhart/Corbis Historical/Getty Images; 66 (r) ©Monkey Business Images/Shutterstock; 66 (bg) ©tsyhun/Shutterstock; 67 ©Marie Hansen/The LIFE Picture Collection/Getty Images; 68 (l) ©Bettmann/Getty Images; 68 (r) ©Nikreates/Alamy; 68 (bg) ©tsyhun/Shutterstock; 69 (bg) ©tsyhun/Shutterstock, (r) ©Everett Collection Inc/Alamy, (l) ©C. M. Battey/Kean Collection/Getty Images; 71 (bg) ©tsyhun/Shutterstock, (r) ©Everett Collection Inc/Alamy, (l) ©C. M. Battey/Kean Collection/Getty Images; 76 (b) Courtesy Barack Obama Presidential Library; 76 (l) ©Craig F. Walker/Denver Post/Getty Images; 77 (t) ©NataLT/Shutterstock; 78 (l) ©Chicago Tribune/Tribune News Service/Getty Images; 78 (r) ©Herman Lumanog/Corbis News/Getty Images; 78 (bg) ©NataLT/Shutterstock; 79 ©Fotolia; 79 (inset) ©NataLT/Shutterstock; 80 ©Hero Images/Getty Images; 80 (bg) ©NataLT/Shutterstock; 81 ©Brian Baer/Sacramento Bee/ZUMAPRESS.com/Alamy Live News; 82 (b) ©Monkey Business Images/Shutterstock; 82 (t) ©NataLT/Shutterstock; 83 (tr) Courtesy Barack Obama Presidential Library; 85 (tr) Courtesy Barack Obama Presidential Library; 86 ©Jane Kelly/Shutterstock; 87 ©Jane Kelly/Shutterstock; 88 ©Jane Kelly/Shutterstock; 90 (bg) ©popular business/Shutterstock; 90 (l) ©Dmytro Zinkevych/Shutterstock; 91 (b) ©Jib Jab Bros. Studios; 91 (c) ©Jib Jab Bros. Studios; 92 (b) ©Jib Jab Bros. Studios; 93 (tr) ©Jib Jab Bros. Studios; 93 (tr) ©popular business/Shutterstock; 93 (tr) ©Jib Jab Bros. Studios; 94 ©Lane Oatey/Blue Jean Images/Getty Images; 95 ©Pressmaster/Shutterstock; 96 ©DeepDesertPhoto/RooM/Getty Images; 96 ©DeepDesertPhoto/RooM/Getty Images; 158 ©tawatchaiprakobkit/iStockphoto/Getty Images; 158 (inset) ©dmac/Alamy; 160 (tr) ©Jupiterimages/Comstock Premium/Alamy Images; 160 (b) ©Getty Images; 160 (tl) ©duntaro/Shutterstock; 161 ©Red monkey/Shutterstock; 161 (inset) ©Samuel Borges Photography/Shutterstock; 162 (bg) ©djgis/Shutterstock; 162 (tl) ©duntaro/Shutterstock; 163 (inset) ©swa182/Shutterstock; 164 (bg) ©LynnKHansen/iStock/Getty Images Plus; 164 (br) ©Erik S Lesser/EPA/NewsCom; 164 (tl) ©duntaro/Shutterstock; 165 (l) ©EvgeniiAnd/iStock/Getty Images Plus; 165 (tr) ©ND700/Shutterstock; 165 (b) ©Ariel Skelley/Blend Images/Corbis Images/Getty Images; 166 (bg) ©Pavliha/E+/Getty Images; 166 (t) ©duntaro/Shutterstock; 167 (inset) Andrew McConnell/Robert Harding/Getty Images; 168 ©Stargazer/Shutterstock; 168 (inset) ©NicolasMcComber/iStock/Getty Images Plus/Getty Images; 169 (tr) ©tawatchaiprakobkit/iStockphoto/Getty Images; 171 (tr) ©tawatchaiprakobkit/iStockphoto/Getty Images; 176 ©Yuliya Evstratenko/Shutterstock; 190 (inset) ©PhotoDisc/Getty Images; 192 (b) ©Sci-Tech Discoveries; 193 (tr) ©Minerva Studio/Shutterstock, ©Mariyana M/Shutterstock, ©PhotoDisc/Getty Images, ©Dudarev Mikhail/Shutterstock; 194 (inset) ©SusaZoom/Shutterstock; 194 (bg) ©s_oleg/Shutterstock; 195 ©India Picture/Shutterstock